AutoCADで身につける建築2D・3D製図

図面作成からモデリング・
レンダリング・
プレゼンテーションまで

佐藤健司 著

学芸出版社

はじめに

本書のねらい

　本書は、大学あるいは専門学校の建築学科で AutoCAD を初めて学ぶ学生に向けた教科書である。あわせて、設計事務所や工務店で設計の実務に携わる方々の参考書たり得ることをめざしている。

　AutoCAD を使うには、線を引く、円を描く、オフセットする、コピーする、回転する、等々のコマンドを覚えなければならない。ウインドウ上部には多数のコマンド・アイコンが並んでいる。コマンド・レファレンスを参照すると、数えきれないほどのコマンドが実装されていることがわかる。しかし、それらをすべて覚えなければ製図ができないというわけではない。本書では、必要最小限のコマンドを覚えることで、複雑な建築の設計図を描くことができることを示したいと思う。足りない部分は、筆者が実際の設計プロジェクトに際して、その都度作成し使ってきたカスタム・コマンドを導入して補っている。それらは Lisp 言語を使ったカスタム・コマンドであり、本書の付録データとして配布する（「本書の使い方」参照）。

　本書では、AutoCAD を起動して直線や円を描くことから出発する。そして、平面図・断面図などの2次元の作図を学び、さらに直方体や球などの立体を扱う。立体を3次元の空間内に配置することをモデリングという。単純な立体だけでなく、複雑な曲面のモデリングも扱う。建築は常に3次元の立体として構想しなければならないと言ったのは建築家のアドルフ・ロースである。3次元モデリングという行為は建築の設計そのものである。

本書の構成

　AutoCAD は、従来の製図板と三角定規、コンパスを使った製図をコンピュータで置き換えることを意図して作られた。だから、そこでの製図は基本的に製図板の上で行う製図の延長線上にある。製図板の上で図面を描くとき、初めに薄い補助線を描いておき、断面線などの強調すべき線は、それらの補助線を強くなぞることで描かれる。補助線は捨て線とも呼ばれ、不要になれば消しゴムで消去される。AutoCAD を使って平面図や断面図を描くプロセスは、基本的には同じである。初めに補助線を描いて、補助線をなぞることで断面線を描いてゆく。本書の第1章から第8章までは、このような2次元の作図に焦点があてられる。

　しかし、従来の設計プロセスがコンピュータ上の製図で置き換えられるのは、ここまでである。コンピュータを使った製図は建築の設計プロセスに大きな変革をもたらした。建築の設計は「線を引く設計」から「立体を配置する設計」へと進化した。AutoCAD では 1990 年代後半にソリッド・モデルが導入された。それまでの AutoCAD は直線や円、円弧、ポリライン（折れ線）などのデータを編集するためのソフトウェアであるに過ぎなかった。そこに立方体や球などの立体を扱うためのデータ形式が付加された。現在の AutoCAD では自由曲面も手軽に扱うことができる。設計道具の進化が設計プロセスの変革をもたらし、そのことが建築デザインの進化を誘発した。あるいは逆に、新しいデザインへの希求が道具の進化を促したとも言える。本書の第9章から第12章では、このような3次元のモデリングを解説する。そして第13章では、完成したモデルをレンダリングする。レンダリングとは3次元モデルから透視図を作成する作業である。モデリングが完了すれば、そのモデルをレンダリングしてビジュアライズすることは、さほど難しい手順ではない。

　第14章以降は応用編である。AutoCAD を使ってプレゼンテーション・ボードを作成する方法を解説する。様々な縮尺の図面が、画像や文章とともに1枚のボード上にレイアウトされる。

　第15章では自然の地形を扱う。Web を通してダウンロードすることができる等高線のデータを AutoCAD 上で再現する。そこでは経度・緯度であらわされる座標系を直交座標系に変換するアルゴリズムがキーとなる。

　第16章では国土地理院が公開している「基盤地図情報」を AutoCAD で扱う方法を試みる。「基盤地

図情報」には国内のあらゆる場所の等高線や河川、水路、鉄道、道路、建築物などの数値データが含まれ、建築設計での利用価値が高い。フリーの GIS（Geographic Information System）である QGIS を導入して、それらの基盤情報にアクセスするとともに、AutoCAD との連携を試みる。現状では AutoCAD と GIS との間でのデータ交換は簡単ではない。そこで、Python 言語を使って、「基盤地図情報」のデータを直接解析し、AutoCAD で読み込める形に変換する方法を紹介する。将来的には設計の道具としての CAD はデータ・サイエンスを取り込む方向で進化を遂げるだろう。世界は「データ」が価値を生む時代への過渡期にあるのだから。

　本書を使って AutoCAD を学ぶとき、Lisp や Python などのコンピュータ言語の知識は必須ではない。配布されるカスタム・コマンド群は基本的には製図作業の効率化をめざして作成したものだ。面倒な仕事は、なるべくコンピュータにやらせなければならない。そして、コンピュータ言語に習熟すれば、設計の道具を自由にカスタマイズできるようになる。AutoCAD はそれが可能なように作られている。建築のデザインが道具に縛られていてはいけない。新しいデザインを生み出すためには、設計の道具を作り替えなければならない。AutoCAD を学ぶことを通じて、人と機械とのコミュニケーションを体験し、コンピュータそのものの理解を深めてもらえれば幸いである。

佐藤健司

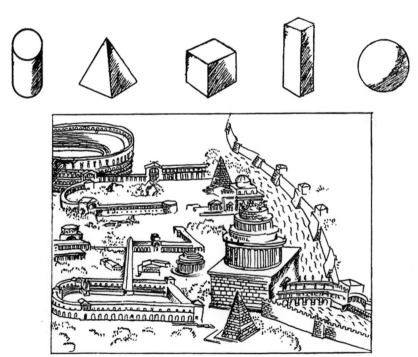

ル・コルビュジエ「ローマの教訓」／ローマの建築は純粋立体を基礎にしてデザインされている
（出典：Le Corbusier（1946）, "Towards A New Architecture" The Architectural Press, London, p.147）

本書の使い方

(1) AutoCAD 学生版のインストールについて、https://www.autodesk.co.jp/education/ を参照してください。Appendix 1（p.10）に注意点をまとめてあります。
AutoCAD 製品版のインストールについては、アクティベーション・コードの取得など Autodesk 社からの指示に従ってください。

(2) 本書で使用するテンプレート・ファイル（標準設定図面）、印刷設定ファイル、カスタム・コマンド集、作図事例、GIS データ・ファイルなどは、下記のページからダウンロードしてください。
https://book.gakugei-pub.co.jp/gakugei-book/9784761532703/#data

(3) 本書では Windows 上の AutoCAD2019 をベースに、コマンドの動作の解説を行っています。2020 以降の新しいバージョンでは、コマンドの動作に一部修正がなされている場合があります。新しいバージョンの AutoCAD をインストールした場合は、ヘルプ画面を表示して変更点を確認してください。

(4) Macintosh 上に AutoCAD for Mac をインストールした場合、カスタム・コマンド集はそのままでは動きません。テキスト・エディタを使って、ディレクトリ・パスの区切り記号を修正するなどの措置が必要になります。

(5) 本書の図版の一部は白地に黒の線で印刷されていますが、AutoCAD のデフォルト画面の背景色は濃いグレーです。モニター画面では黒に近いグレーを背景に、赤や緑、黄、白などの線を使って描画されます。解説は、このモニター画面での色使いを前提に記しています。

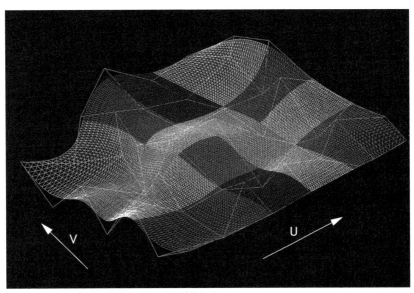

スプライン曲面／複数の曲面を、滑らかに接続させる

CONTENTS

Part I　2次元の作図　11

Chapter 1　直線・円・円弧の描画 ———— 12

Chapter 2　平面図の作図 ———— 24

Chapter 3　文字と寸法の記入 ———— 36

Appendix 1 　AutoCAD 学生版のインストール

Autodesk 社は教育機関・学生向けに無償で 1 年間のライセンスを供与している。学生や教員は、AutoCAD をはじめとして、BIM（Building Information Modeling）ソフトである Revit やアニメーション作成ツールである 3ds Max など、さまざまな製品をダウンロードして使用することが可能である。そのためには、まずアカウントを取得しなければならない。アカウント取得やソフトウェアのインストールの過程で、電子メールを通して認証手続きが行われるため、インストールするパソコンで電子メールを送受信できる環境を整えておく必要がある。

準備ができたら、Edge などのブラウザを立ち上げて、アドレス・バーに以下のように入力する。
　https://www.autodesk.co.jp/education/

Autodesk 社のエデュケーション・コミュニティのトップページが開く。上部のメニューから「製品を入手」をクリックし、「アクセスを開始」ボタンを押せば、アカウント作成のステップに進む。「製品を入手」のページには、以下のアドレスで直接アクセスすることもできる。
　https://www.autodesk.co.jp/education/edu-software/

氏名や生年月日、電子メールアドレス、パスワードなどを入力し、アカウント作成のプロセスに進む。ここで登録する電子メールアドレスは、当該のパソコンで送受信できるアドレスを設定する。この電子メールアドレスとパスワードは今後 AutoCAD を使うとき、サインインするために必要になる。アカウント作成のプロセスで、Autodesk 社から電子メールで指示が届くので、よく目を通すこと。
アカウントを登録するために、学生証あるいは教員証の提示を求められる。あらかじめ、学生証ないし教員証の写真を撮って、JPEG 画像として保管しておく。その写真を Autodesk 社に送付し、認証を受ければアカウント作成が完了する。
アカウントが作成されたら、再度「製品を入手」のページを開き、自分のアカウントとパスワードでサインインすれば、AutoCAD をインストールすることができる。他の Autodesk 社の製品も、同じアカウントを使ってインストールすることができる。

Part I

2次元の作図

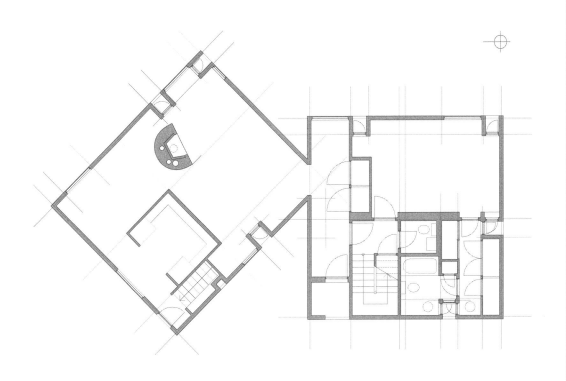

直線・円・円弧の描画

建築の設計図に描かれている図形は、大半が直線、円、円弧のいずれかである。それ以外の情報は文字や寸法である。ここでは基本的な3つの図形の描き方を学びながら、AutoCADの操作に慣れよう。

1 図面の新規作成

① テンプレート（図面のひな型）の選択

新しい図面を作成するには、起動直後の画面で「図面を開始」と書かれた画像の下の「テンプレート」ボタンを押して、プルダウンメニューからテンプレートを選択する[*1]。「acadiso.dwt」を選択して、「開く」を押せば、新規図面作成の画面となる[*2]（**図1-1**）。画面中央は、これから図を描いてゆく作図領域[*3]である。中央に小さな正方形が付属した十字のカーソルが現れており、マウスを移動すれば、この十字カーソルも移動する。以降の作業では、この十字カーソルを使って、作図エリア内の特定の場所を指示することになる。

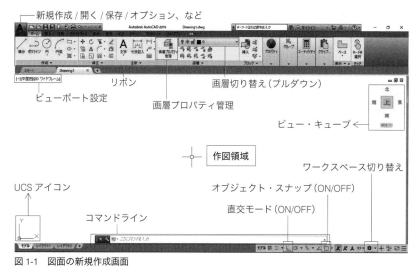

新規作成 / 開く / 保存 / オプション、など
リボン
画層切り替え（プルダウン）
ビューポート設定
画層プロパティ管理
ビュー・キューブ
作図領域
ワークスペース切り替え
UCS アイコン
オブジェクト・スナップ（ON/OFF）
直交モード（ON/OFF）
コマンドライン

図 1-1　図面の新規作成画面

② ビュー・キューブの操作

作図領域右上には円の中央に「上」と書かれた正方形（ビュー・キューブ）が描かれている。図形（オブジェクト）をどのように投影するのかを指示するためのアイコン（絵文字）である。現在は「上面図」、すなわちオブジェクトを真上から見下ろして表現していることを示している。

マウス・カーソルをこのナビゲータの近辺に近づけると、円形のナビゲータの左上に「家」のマークが現れる。これは「ホーム」アイコンで、クリックすれば画面はアイソメ表示になる。

上面図、すなわち平面図に戻すには、ビュー・キューブの立方体の「上」と描かれた面をクリックすればよい。

立面図を表示するには、東・西・南・北の文字をクリックすればよい。それぞれの側面図が表示される。

作図領域を拡大・縮小して表示するには、マウスのホイール（中ボタン）を回転させればよい。

ワンポイント ＊1

図面の新規作成は、画面左上の「A」というマークのアイコンを押すことでも可能である。「Aマーク」を押し、「新規作成」を押せば、「テンプレートを選択」というダイアログが開かれる。

ワンポイント ＊2

AutoCAD の図面ファイルは dwg という拡張子を持ったファイル名となるが、テンプレートファイルの拡張子は dwt である。

ワンポイント ＊3

作図領域左下には X, Y と記された記号がある。これは UCS アイコンと呼ばれる。座標系の設定を示すアイコンであるが、その使い方は後述する。CAD では、内部的に、線分や円、円弧などあらゆる図形が3次元の座標を用いて記録される。

③ リボン

作図領域の上部には「リボン」と呼ばれる帯がある。そこには作図に必要な各種コマンド（指令）が並んでいる。

例えば、リボンの一番左側には図形を「作成」するコマンド群が配置されている。その「作成」コマンド・グループの一番左には「線分」のアイコンが配置されている。その隣には「ポリライン（折れ線）」作成のコマンド、さらに隣に「円」、「円弧」作成のコマンドが続く。

2 直線（線分）の描画

① 直線のコマンド入力

作図領域下部に、キーボードからの入力を印字する細長いウインドウがある。コマンドの入力やコンピュータとの応答や履歴が表示されるウインドウで、「コマンドライン」と呼ばれる。

では、作図領域の上に直線を描いてみよう。直線（線分）を描く手順は以下である。

(1) コマンドを入力する

キーボードで LINE （大文字でも小文字でもよい）と入力し、ENTER キーを押す。あるいは、上部のリボンの一番左側の「線分」アイコンをクリックする。

キーボードから「LINE」と入力すると十字カーソルの右下に小さなテキストボックスが現れ、LINE と印字される。同時にコマンドラインにも「LINE」と印字される。Lを入力した段階で、Lで始まるコマンドの候補がリストアップされるので、マウスや矢印キーを使って「LINE」という文字を選択してもよい。

(2) 1点目を指定する

十字カーソル右下のテキストボックスには 1点目を指定： と印字される。同時に下部のコマンドラインにも LINE 1点目を指定： と表示される。十字カーソルを移動して、マウスを左クリックすることで位置を指定する。

(3) 2点目を指定する

次の点を指定： と表示される。始点と終点の2点を指定すれば、1本の線分が決定される。

(4) コマンドを終了する

さらに 次の点を指定： と表示される。マウスで3点目を指定すれば、初めの線分の終点を基点として3点目の点を終点とした2本目の線分が描かれる。

1本目の線分で終了する場合は、次の点を指定： と表示された時、ESC キーまたは ENTER キーを押して入力を終了する。

この例に限らず、コマンドを終了させる場合は ESC キーを押せばよい。

② 三角形のコマンド入力とオブジェクト・スナップ

では、図1-2の三角形を描いてみよう。

(1) コマンドを入力する

まず3点を指定して線分を2本描く。

LINE ENTER
1点目を指定：　→十字カーソルで1点目を指定する。
次の点を指定：　→十字カーソルで2点目を指定する。
次の点を指定：　→十字カーソルで3点目を指定する。

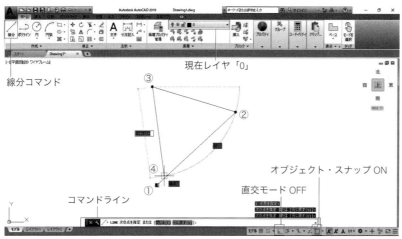

図1-2 三角形の作図／オブジェクト・スナップの使用

（図中のラベル）
現在レイヤ「0」
線分コマンド
オブジェクト・スナップ ON
コマンドライン
直交モード OFF

ワンポイント ＊4
スナップとは「食いつく」という意味である。

(2) オブジェクト・スナップの有効状態を確認する

三角形を描くには、既に描かれた線分の端点に、次の4点目を正確に合わせる必要がある。このような場合、オブジェクト・スナップ＊4 という機能を使う。

作図領域右下に並んでいるアイコンにマウスポインタを合わせると、使い方のヒントが表示される。中央付近の大小2つの正方形が描かれたアイコンにポインタを合わせると「カーソルを 2D 参照点にスナップーオン」と表示される。それがオブジェクト・スナップの設定に関するアイコンである。

現在、そのアイコンは青色の表示になっている。青色のアイコンは、現在その機能がオン（有効）であることを示している＊5。

ワンポイント ＊5
アイコンをクリックすれば、グレーのアイコンに変化すると同時に、その機能はオフ（無効）になる。有効にするには、再度クリックすればよい。アイコンにマウスポインタを当てて、右クリックすると現在有効なスナップの種類がリスト表示される。

(3) 作図領域に戻り、4点目を指示する

> 次の点を指定： →十字カーソルで4点目を指定する。

このとき、オブジェクト・スナップは「端点」「中心」「交点」「延長」で有効である。十字カーソルを1本目の線分の端点に近い部分に移動すると、線分の端点に緑色の小さな正方形が現れ、かつ十字カーソルの右下に「端点」と表示される。この状態でマウスの左ボタンを押せば、1本目の線分の端点に4点目が指定され、閉じた三角形を正確に描くことができる。

ワンポイント ＊6
コマンドの途中で端点や交点を示すキーワードである end や int を入力することによっても、オブジェクト・スナップを効かせることができる。「end」は end point（端点）、「int」は intersection（交点）の略である。例えば4点目を指示するとき、

> 次の点を指定：
→キーボードで「end」と入力し ENTER キーを押す。
> どこの：
→十字カーソルで4点目を指定する。

このように、コンピュータとの対話の途中で、端点や交点などのオブジェクト・スナップの ON/OFF が可能である。

(4) コマンドを終了する

> 次の点を指定： →5点目は不要なので、ESC キーを押して終了する。

正確な図を描くためには、オブジェクト・スナップの使用に習熟する必要がある。オブジェクト・スナップには様々な種類のものが用意されているが、主に使うのは「端点」と「交点」である＊6。その他のスナップは、必要に応じて設定すればよい。

3 円・円弧の描画

① 円のコマンド入力

次に円と円弧を描こう（**図 1-3**）。円を描くコマンドは CIRCLE 、円弧を描くコマンド
は ARC である。

> CIRCLE ENTER
> 円の中心点を指定： →十字カーソルで中心位置を指定する。
> 円の半径を指定： →十字カーソルで円周上の点を指定する。

この操作で円が描かれる。半径を指定するときに、マウスで距離（中心と円周上の点
との距離）を指定する代わりに、キーボードで数値入力、例えば 1000（1000mm の意
味）などと入力することもできる[*7]。

ワンポイント ＊7

キーボードでコマンド
入力するとき、C と打
てば CIRCLE に、A と打
てば ARC に補完される。
あるいは、上部のリボ
ンの「線分」「円」「円
弧」のアイコンをクリ
ックすれば、コマンド
が起動する。

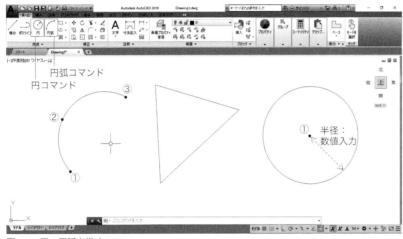

図 1-3　円・円弧を描く

② 円弧のコマンド入力

円弧は始点、通過点、終点の 3 点を指示することで描かれる。

> ARC ENTER
> 円弧の始点を指定： →十字カーソルで始点位置を指定する。
> 円弧の2点目を指定： →十字カーソルで円弧上の通過点を指定する。
> 円弧の終点を指定： →十字カーソルで終点位置を指定する。

① オブジェクト情報の表示

ここで新しいコマンドを１つ導入しよう。それは既に描かれたオブジェクト（図形）の情報をリストにして表示するコマンド LIST である。

(1) コマンドを入力する

> LIST ENTER

(2) 線分を選択する

作図画面には３本の線分（三角形）、１つの円、１つの円弧、計５つのオブジェクト（図形）が描かれている。まずそれらのうちの１本の線分を選択しよう[*8]。

> オブジェクトを選択：
>
> →十字カーソルが小さな正方形ボックスに変化する。図形を選択するためのカーソルであり、ピックボックス（選択ボックス）という。このピックボックスを該当する線分の上に重ねて、マウスをクリックすれば、その図形が選択される。

(3) 選択を終了する

> オブジェクトを選択：
>
> →これ以上選択する図形はないので、マウスで右クリックする。あるいは ENTER キーを押してもよい。

(4) 表示された情報を確認する

コマンドライン・ウインドウの上部に、該当する図形の情報がテキスト表示される。表示された情報を読むと、線分の始点、終点の X, Y, Z 座標の他に「線分」「画層：0」などと記されている。これらの情報のひとかたまりがオブジェクトである[*9]。

同様に円の情報を調べてみよう。

> LIST ENTER
>
> オブジェクトを選択： →円を選択し、右クリックする。

この円は、中心の X、Y、Z 座標、半径の他に、図形名「円」、画層「0」というプロパティを持っていることがわかる。

② 画層（レイヤ）の基本知識

(1) 画層（レイヤ）の役割

実際の建築図面は数百、数千の図形で構成されるので、多数の図形を何らかの形式で分類・整理しておく必要が生じる。画層とは、そのためのラベルである。英語名でレイヤと呼ばれることも多い。

(2) レイヤ設定の基本

先の例では線分も円も同じ画層名「0」であった。「0」は AutoCAD がデフォルト（既定値）で作成するレイヤである。現在の作業レイヤを「現在レイヤ」と言う。現在レイヤが「0」である状態で図形を作成すれば、その図形にはレイヤ名「0」というプロパティが与えられる。現在レイヤを別のレイヤに設定して図形を作成すれば、その図形は設定されたレイヤ名で描かれる[*10]。

ワンポイント ＊8

LIST は複数の図形を選択して情報を表示できるので、選択する図形を追加することもできる。

ワンポイント ＊9

オブジェクトが持っている情報をコンピュータではプロパティ（財産）とかアトリビュート（属性）と呼んでいる。

③ レイヤの変更

現在レイヤを変更するには、プルダウンメニューから別のレイヤ名を選択すればよい。デフォルトではレイヤは「0」のみなので、新規に作成する必要がある。新しいレイヤを作成するコマンドは LAYER である。リボンの中から、「画層プロパティ管理」のアイコンをクリックしてもよい。

(1) コマンドを入力する

> LAYER ENTER →画層プロパティ管理のウインドウが開く（**図** 1-4）。

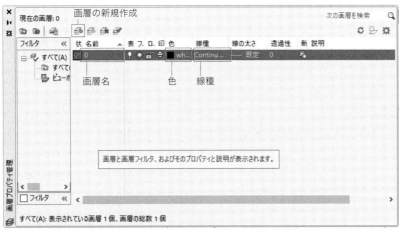

図 1-4　画層プロパティ管理／レイヤの新規作成

(2) 管理ウインドウでレイヤを新規作成する

右側から 4 つ目のアイコンがレイヤの「新規作成」アイコンである。そのアイコンをクリックすると、画層のリスト欄に「画層 1」という名のレイヤが作成される。新規のレイヤとして最低限、設定すべき内容は、「レイヤ名」「色」「線種」の 3 項目である。

(3) 新規レイヤの設定を変更する

「画層 1」という名称を KIJUN に変更する。

次に色を白から赤に変更する。白い正方形のアイコンをクリックすれば、色選択のウインドウが開かれる。とりあえずインデックスカラーの赤を選ぼう。AutoCAD ではインデックスカラーの赤が色番号 1 である。

線種は「continuous」（実線）であるので、変更しない。

以上で KIJUN という名のレイヤが新規作成された。

④ レイヤ設定の確認

画層管理のウインドウは作図の邪魔になるので、使い終わったら閉じておこう。必要な時に、LAYER と入力するか「画層プロパティ管理」のアイコンをクリックすればよい。リボンの画層プルダウンメニューを開けば、KIJUN という名のレイヤが追加されていることがわかる。プルダウンメニューで KIJUN を選択すれば、現在レイヤが KIJUN に設定される。以降、作成される図形（オブジェクト）には、現在レイヤが別のレイヤに再設定されるまで、レイヤ名 KIJUN というプロパティが自動的に与えられる。試しに線分を描いて確かめてみよう。

ワンポイント ＊10

作図領域上部、リボンの中央部分には画層を管理するためのアイコンが並んでおり、その中のプルダウンメニューにレイヤ名が表示されている。レイヤ名は、実際の建築図面では数字ではなく具体的な名称が付けられる。例えば「KIJUN」「KABE」「SIAGE」などである。図形に画層（レイヤ）というプロパティが付与されることにより、その図形が基準線であるのか、壁の輪郭線であるのか、仕上げのラインであるのか、などが区分される。

Chapter 1

直線・円・円弧の描画

```
LINE ENTER
1点目を指定：  →十字カーソルで1点目を指定する
次の点を指定：  →十字カーソルで2点目を指定する
次の点を指定：  → ESC キーを押す。
LIST ENTER
オブジェクトを選択：  →描いた線分を選択し、右クリックする。
```

リストを読めば、その線分のレイヤは KIJUN であることが確認される。

⑤ 作業データの保存

ここまでの作業を一旦、保存しよう。

(1) 保存方法を選択する

図面として保存するには、画面左上の「A マーク」をクリックし、「名前を付けて保存」を選択する。

(2) 保存先とファイル名を指定する

「図面に名前を付けて保存」ダイアログが現れたら、保存先とファイル名を記載して保存する。

ファイルの種類 *11	「AutoCAD2018 図面（＊.dwg）」（デフォルト（既定値））
保存先	ユーザーディレクトリの中のドキュメント・フォルダ
ファイル名	startup.dwg

保存が完了すると、作図領域上部のタブには startup とファイル名が記載される。

ワンポイント ＊11

将来、他の CAD システムとの互換性などを考慮する場合は、Auto CAD の古いバージョンでのファイル形式を選択することもできる。

5 長方形の作図

AutoCAD には縮尺という概念がなく、いま表示されている作図領域がどの程度の大きさの範囲なのか不明である。そこで線分を数値入力して描くことにより、尺度を確認しよう。

① 図面の新規作成

例として、A3 用紙に印刷したときに縮尺 1/100 となるような長方形の枠を描いてみよう。A3 用紙の規格は横 420mm、縦 297mm である。縮尺 1/100 であるので 42000mm × 29700mm ＝ 42.0m × 29.7m の長方形に相当する。

画面左上の「A マーク」をクリックし、図面を新規作成しよう。テンプレートファイルは前回と同じく acadiso.dwt を選択する。Drawing2 というタブの付いた作図領域が表示される。

② ダイナミック入力の無効化

以下の数値入力を試すとき、既定値では「ダイナミック入力」が有効（ON）になっている。ダイナミック入力とは、マウス・カーソルの近くにテキストボックスが表示され、そこに数値を入力する機能である。しかしその場合、数値入力した X、Y、Z 座標値が、その直前に入力した点を基点とした移動量として認識される。以下の例では、座標原点 0,0,0 を基点とした数値を入力することから、ダイナミック入力が ON になっていると思い通りに作動しない。

「ダイナミック入力」を無効（OFF）にするには、以下の操作を行う。

(1) オブジェクト・スナップ設定を開く

画面右下のオブジェクト・スナップ設定のアイコンを右クリックし、「オブジェクト・スナップ設定」をクリックする[*12]。

(2) ダイナミック入力タブで設定を変更する

「作図補助設定」のウインドウが現れたら、「ダイナミック入力」タブを選択し、「ポインタの入力を使用（P）」のチェックを外す。

以上で、ダイナミック入力の機能が無効になる。以降の作業でもカンマ区切りで座標値を入力することがしばしばある。「ダイナミック入力」は無効にしておこう[*13]。

③ 座標入力による作図

作図画面に戻り、現在レイヤが「0」であることを確認しよう。これから描かれる図形のレイヤ名は「0」である。レイヤ「0」は、色は白、線種は実線である。

(1) 1 本目の線分を描く

> LINE ENTER
> 1 点目を指定：
> 　→キーボードで「0,0,0」と入力し ENTER キーを押す。Z 座標を省略して「0,0」と入力してもよい。（以下同じ）
> 次の点を指定：　→キーボードで「42000,0,0」と入力し、ENTER キーを押す。
> 次の点を指定：　→ESC キーを押す。

この操作で始点＝原点（0,0,0）から終点（42000,0,0）への線分が描かれる[*14]。線分が画面の外にはみ出してしまったら、マウスのホイール（中ボタン）を回転して、表示画面を縮小する。

ワンポイント *12

または、OSNAP ENTER と入力する。

ワンポイント *13

一度、無効に設定すれば、この設定は次回 AutoCAD を起動したときにも引き継がれる。

ワンポイント *14

カンマで区切られた 3 つの数字は、それぞれ X 座標、Y 座標、Z 座標を示す。

（2）2本目の線分を描く

同様に、始点＝原点（0,0,0）から終点（0,29700,0）への線分を描く。

> LINE ENTER
> 1点目を指定： →キーボードで「0,0,0」と入力し、ENTERキーを押す。
> 次の点を指定： →キーボードで「0,29700,0」と入力し、ENTERキーを押す。
> 次の点を指定： →ESCキーを押す。

この操作で始点＝原点（0,0,0）から終点（0,29700,0）への線分が描かれる。

（3）線分をコピーする

それぞれの辺（縦・横2本の線分）をコピーして長方形にしよう。図形をコピーするコマンドは COPY である[15]。リボンの中の「複写」アイコンをクリックしてもよい。オブジェクト・スナップがオン（有効）であることを確認しておく。

> COPY ENTER
> オブジェクトを選択：
> 　→線分を1本選択する。コピーする図形は他にはないので右クリックする。
> 基点を指定： →他の線分の端点を指定する。
> 2点目を指定： →他の線分のもう一方の端点を指定する。
> 2点目を指定： →ESCキーを押して終了する。

同様にして、もう片方の線分もコピーすれば、長方形の枠ができあがる（図1-5）。これで 42000mm × 29700mm ＝ 42m × 29.7m の長方形の枠が描かれた。この枠は 1/100 の縮尺では、A3用紙の大きさ 420mm × 297mm で印刷される。

ワンポイント ＊15

省略形は CP。COPY は、（1）コピーする図形を選択する（複数可）、（2）基点を指示、（3）移動先を指示、という手続きである。図形をコピーするのではなく、移動する場合も同様の手続きである。移動の場合は、MOVE である。

図 1-5　数値入力で長方形の枠を描く

④ 作図画面の拡大表示

長方形が描けたら、作図画面いっぱいに拡大表示してみよう。マウスのホイールを使ってもよいが、画面の拡大・縮小のコマンドを使ってみよう。

> ZOOM ENTER
> オプション →"E"（図形範囲）と入力

6 テンプレートファイル

① テンプレートファイル用フォルダの準備

これまで図面を新規作成するとき、AutoCAD に標準で備えられているテンプレートファイル「acadiso.dwt」を使ってきた。

今後は、本書で付録として用意されているテンプレートファイル「waku_a3_100.dwt」を使う。ほかにも、印刷設定ファイル、カスタマイズ・コマンドのファイルなどを順次追加しつつ使用してゆくので、そのためのフォルダを準備しよう[*16]。

(1) エクスプローラを起動する

Windows の場合は、エクスプローラを起動して、左側の欄のディレクトリ・ツリーを次のように展開する 。

> PC　→　OS（C:）　→　ユーザー　→　ログイン・ユーザー名[*17]

(2) 新規フォルダを作成する

フォルダを新規作成し、名前を「acad_addins」に変更する。「acad_addins」はAutoCAD 用の追加ファイルを収めるフォルダという意味である。

(3) 付録のテンプレートファイルをコピーする

フォルダが準備できたら、その中にテンプレートファイル waku_a3_100.dwt をコピーしておこう。これで新しいテンプレートファイルを使う準備ができた。

② 新しいテンプレートファイルの試用

新しいテンプレートファイルを使って、図面を新規作成してみよう。

(1) 図面を新規作成する

画面左上の A マークをクリックし、図面を新規作成しよう。テンプレートファイルの選択画面が現れたら、「探す場所」をユーザーディレクトリの中のフォルダ「acad_addins」に設定する。

(2) テンプレートファイルを選択する

ファイル「waku_a3_100.dwt」を選択して、「開く」をクリックする。

図 1-6 は waku_a3_100.dwt を使って図面を新規作成した画面である。

図 1-6　テンプレート・ファイル waku_a3_100.dwt を使う

ワンポイント ＊16

フォルダの設置場所はUSB メモリやクラウドでも可能であるが、ここではローカル・ハードディスク内のユーザーディレクトリに設置することにしよう。

ワンポイント ＊17

ログイン・ユーザー名とは、Windows にログインするときのユーザー名である。例えば、satoなどである。Windowsでは、ユーザーを設定すると、ユーザー名と同じ名前のユーザーディレクトリが作成される。

● **図面枠**

作図画面の中の緑色の枠は 42000mm × 29700mm の長方形である。1/100 の縮尺では、A3 用紙の大きさ 420mm × 297mm で印刷される。枠のレイヤ名は SIZE で色は緑色（色番号 3）、線種は実線である。

● **レイヤ**

建築設計用に KIJUN HOJO GUIDE KABE HASIRA MAJIKIRI SIAGE などのレイヤが用意されている。それらのレイヤの色と線種は、あらかじめ設定済みである。

HIDDEN1（黄）、HIDDEN2（緑）の線種は破線（hidden）であるが、それ以外のレイヤはすべて実線（continuous）で定義されている。

● **文字・寸法の書式**

図面枠とレイヤ以外に、文字と寸法の書式設定があらかじめなされている。文字や寸法の設定については **Chapter 3** で後述する[18]。

ワンポイント ＊18

実務では、この種の図面枠は、プロジェクト名称、図面名称、設計事務所名、縮尺、日付などの記名欄も含めて独自のものが用意される。waku_a3_100.dwt は長方形の枠だけが描かれたシンプルな教育用途のテンプレートである。

7 本章で使用した AutoCAD コマンド

コマンドの使い方について詳しく知りたい場合は、AutoCAD のヘルプを活用しよう。画面最上部の「？」のアイコンをクリックすれば、ヘルプ・ウインドウが開く。「クイック リファレンス」の項目の中の「コマンド」をクリックすればアルファベット順でコマンドを検索できる。

コマンド名	機能・目的
LINE	線分を描く
CIRCLE	円を描く
ARC	円弧を描く
LIST	図形のプロパティを調べる
LAYER	画層プロパティ管理のウインドウを開く
COPY	図形をコピーする
MOVE	図形を移動する
ZOOM	作図画面を拡大・縮小する
OSNAP	作図補助設定のウインドウを開く

Column

レイヤの使い方

レイヤの使い方について補足しておこう。AutoCAD では、個々の図形に色や線種を設定することも可能である。例えば、階段をあらわす線分がレイヤ SIAGE で、緑色の実線で描かれているとしよう。

それらの図形は、レイヤは SIAGE のまま、線種を破線に変えたり、色を黄色に変えたりすることができる。プロパティ・ウインドウを開けて、ある線分のプロパティを調べてみれば分かるが、通常それらの線分の色や線種には ByLayer というプロパティが与えられている。これはレイヤによって決められた色や線種であることを示している。ByLayer ではなく、そこに green とか hidden とか具体的な名前が記されている場合は、その図形にはレイヤによらないプロパティが与えられているということを意味している。

これは個々の図形の持つ建築的な意味付けが不明確になるということを意味している。多数のオブジェクト（図形）をレイヤというラベルを使って構造化するという目的が損なわれる。

色や線種といったプロパティは、同一のレイヤ名をもつ図形にあっては同一であるべきである。色や線種を変える必要があるのであれば、別のレイヤを用意すべきである。レイヤの使い方が混乱した図面をしばしば見かけるが、そのような図面は異なる組織間で共同作業を行うような場合に可搬性の低いファイルとなってしまう。

Chapter 1 で AutoCAD の基本的な操作について概観した。そこで覚えたコマンドを使って、建築の平面図と断面図・立面図を描いてみよう。題材にするのは、**図 2-1** のような外観をもった架空の鉄筋コンクリート造 2 階建ての建築物である。建築の平面図は、建物を各階で水平に切断し（**図 2-2**）、真上から見下ろした図である。2 次元の投影図である平面図（1階）は **図 2-3** のようになる。

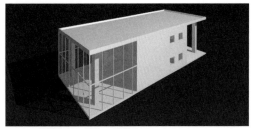

図 2-1　例題とした建物の鳥瞰パース

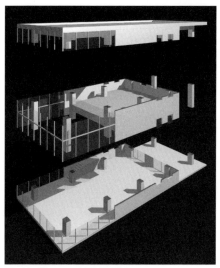

図 2-2　階ごとに水平に切断する

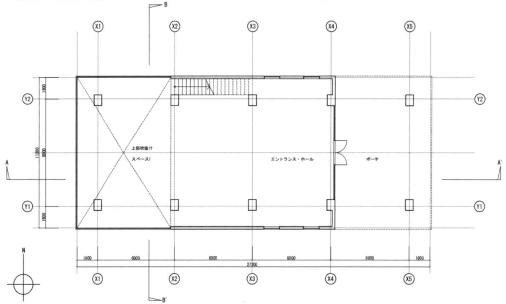

図 2-3　1 階平面図（付録ファイル：study_1_drawings.pdf）

1　基準線の作図

（1）テンプレートファイルを開く

AutoCAD を起動して、図面を新規作成しよう。テンプレートファイルは「waku_a3_100.dwt」を使用する[*1]。

（2）レイヤを確認する

上部のリボン（コマンド・パネル）中央部の画層（レイヤ）プルダウンで現在レイヤが KIJUN と表示されていることを確認する。KIJUN 以外のレイヤが表示されている場合は、プルダウンから KIJUN を選択する。

（3）直交モードを有効にする

画面右下に並んだアイコン群のうち左から 4 番目の直角マークのアイコンが青色

ワンポイント ＊1

作図領域に表示される長方形は 1/100 の縮尺で印刷した時、A3 用紙の大きさ（420mm×297mm）になる。実寸では 42000mm × 29700mm ＝42.0m×29.7mの長方形である。また、このテンプレートには KIJUN、KAB、SIAGE などのレイヤがあらかじめ用意されている（**Chapter 1** 参照）。

表示されていることを確認しよう。このアイコンは「直交モード」と呼ばれ、カーソルの動きを直交方向に強制するか否かを制御するものである。青色であれば直交モードが有効であり、灰色であれば直交モードが無効である。これから2本の水平・垂直な線分を描くので、直交モードは有効にする。

(4) 直線を描く

縦・横2本の直線を描く。始点、終点の位置は後で調整するので、ここでは枠の中に納まるように、適当な位置を指定すればよい（図2-4）。

LINE ENTER
1点目を指定： →十字カーソルで1点目（始点）を指定する。
次の点を指定： →十字カーソルで2点目（終点）を指定する。
次の点を指定： →ESC キーまたは ENTER キー（コマンド終了）

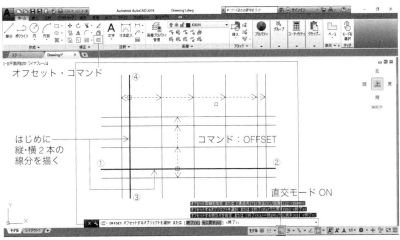

図2-4　基準線の作図／縦横の線分を描いて、OFFSET する

(5) 線分（縦軸）を平行にコピーする

選択した線分を平行にコピーするコマンドは OFFSET である。リボンの「修正」グループの右下にあるアイコンをクリックするか、キーボードで"OFFSET"と入力すれば起動する。

X方向のスパンは6000mm、Y方向のスパンは8000mmである。

まず、縦軸の線分をオフセットしてゆこう。

OFFSET ENTER
オフセット距離を指定 または［通過点(T) 消去(E) 画層(L)］〈通過点〉：
　→ 6000 と数値入力し、ENTER キーを押す。
オフセットするオブジェクトを選択：
　→カーソルがピックボックスに変化するので、X1 通りの線分（縦の線分）
　　を選択する。
オフセットする側の点を指定：
　→オフセットする線分のどちら側にオフセットするのかを指定する。この場合は線分の右側でクリックする。
オフセットするオブジェクトを選択：
　→先ほどオフセットした線分を選択する。
オフセットする側の点を指定：　→選択した線分の右側でクリックする。

この要領で順次、線分をオフセットしてゆく。4本オフセットし終えたら、

> オフセットする側の点を指定：
> →ESCキーを押して、コマンドを終了する[*2]。

(6) 線分（横軸）を平行にコピーする

同様の手順で、横軸の線分もオフセットしよう。Y方向のスパンは8000mmである。ここまでの操作でX方向4スパン、Y方向1スパンの基準線が描かれる。

(7) その他の基準線を描く

外壁の中心線は柱の基準線を1600mm外側にオフセットした位置にあるので、それらも基準線として追加しておこう。

また、Y1通りとY2通りの中間には柱は存在しないが、建物全体の中心軸を描いておこう。後で図形の反転複写などを行う場合に便利である。

2 トリム（TRIM）と延長（EXTEND）

① 補助線の描画

図2-4を見ると、初めに描いた縦・横の線分は、始点・終点を適当な位置で指定したため、建物の外周から外側にはみ出した長さが不揃いである。

これを修正するためには線分の切り取り（TRIM[*3]）と延長（EXTEND）というコマンドを使う。いずれの場合も、どこで切り取るか、どこまで延長するかを示す補助線が必要になる。基準線がはみ出す長さは、外周から3000mmとしよう。

(1) 補助線を作成する

まず、基準線を外側に3000mmオフセットして、切り取り／延長の補助線を作成しよう。補助線のレイヤはHOJOにして、現在レイヤをHOJOに設定しよう。

> OFFSET ENTER
> オフセット距離を指定 または ［通過点（T）消去（E）画層（L）］〈通過点〉：
> →キーボードで"L"と入力する[*4]。コマンド・オプション「画層（L）」を入力したことになる。
> オフセットで作成したオブジェクトの画層オプションを指定：
> →キーボードで"C"と入力する[*5]。「現在の画層（C）」を選択したことになる。
> オフセット距離を指定 または ［通過点（T）消去（E）画層（L）］〈通過点〉：
> →"3000"と数値入力し、ENTERキーを押す。
> オフセットするオブジェクトを選択： →線分を指定する。
> オフセットする側の点を指定： →どちら側かを指定する。
> オフセットする側の点を指定： →ESCキーを押して、コマンドを終了する。

この操作を4周の基準線に適用すれば、**図2-5**のように切断・延長のための補助線が描かれる。

② 基準線の切り取り

まず、上に突き出た5本の基準線を補助線（レイヤHOJO、紫色）で切り取ろう。

(1) コマンドを入力する

> TRIM ENTER

ワンポイント ＊2

この操作でオフセットされた図形は、もとの図形と同じレイヤである。この場合、オフセットする図形のレイヤはKIJUNであり、オフセットして作成された図形のレイヤもKIJUNである。現在レイヤを別のレイヤ、例えばHOJOに設定しておいて、オフセット後の図形のレイヤを現在レイヤ（HOJO）に変更したい場合は、コマンド・オプションで「画層（L）」を選択し（キーボードでLと入力し）、続いて「現在の画層（C）」を選択し、その後、オフセット距離を指定すればよい。

ワンポイント ＊3

TRIMとは刈り取るという意味である。

ワンポイント ＊4

"L"はLayerの略である。

ワンポイント ＊5

"C"はCurrentの略である。

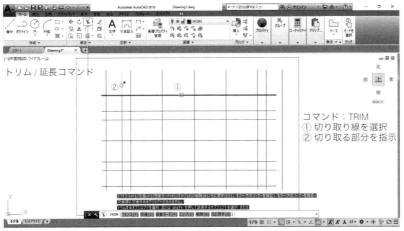

図2-5　余分な長さをトリムする／短い線分を延長する

(2) 補助線を選択する

オブジェクトを選択：

→切り取り線（補助線）を選択する。複数選択できるが、ここでは1本だけ選択する。それ以外には該当する線分はないので、選択終了の意味で右クリックする、または ENTER キーを押す。

(3) 切り取る基準線を選択する

トリムするオブジェクトを選択：

→トリムしたい箇所（基準線上で、補助線より上の部分）を順次クリックする。

オブジェクトを選択するとき、1本ずつ選択するのではなく、矩形選択という機能で1度にすべての該当する図形を選択すれば効率的である。矩形選択には以下の2種類の方法がある。

● クロス選択

マウスで選択すべき図形群の右上、左下の順に2度クリックすれば緑色の背景の選択矩形が現れ、その長方形に一部でも交差している図形はすべて選択される（クロス選択）。

● ウインドウ選択

これとは逆にマウスで、左下、右上の順にクリックすれば青色の背景の選択矩形が現れ、その長方形の内部に完全に含まれる図形がすべて選択される。
選択された図形は淡い色に変わり、端点・中点などの位置に小さな青色のマーク（グリップ）が現れる。これはピックボックスで選択した場合も同じである[6]。選択を解除するには、カーソルを図形のない場所に移動してクリックすればよい。

コマンド：トリムするオブジェクトを選択：

→トリムし終えたら右クリック、または ENTER キーでコマンドを終了する。

同様にして、他の2辺（左側と下側）もトリムしておく。
以上で、上、左、下側の基準線は補助線の位置でトリムされた。

Chapter
2

平面図の作成

ワンポイント ＊6

ピックボックスの大きさは、デフォルト（初期値）では小さくて図形を選択しにくい。作業がしづらいと思ったらピックボックスの大きさを変更しよう。

OPTIONS ENTER

オプション設定のウインドウが開くので、「選択」タブをクリックし、ピックボックス・サイズを調整すればよい。あるいは、画面左上の「A」マークを押し、「オプション」ボタンを押せば、オプション設定のウインドウが開く。ピックボックスの大きさの変更だけでなく、オプション設定のウインドウでは様々な項目をカスタマイズできる。オプション設定のウインドウの開き方を覚えておこう。

③ 基準線の延長

右側については、逆に、基準線を補助線の位置まで EXTEND （延長）する必要がある。 TRIM と同様の手順で、はじめに延長するための補助線を選択し、続いて延長する線分を順次選択すればよい。

（1）コマンドを入力する

> EXTEND ENTER

（2）補助線を選択する

> オブジェクトを選択：
>
> →延長する先を示すガイドとなる線分（補助線）を選択する。ここでは1本だけ選択する。それ以外には該当する線分はないので、右クリックするか ENTER キーを押して選択を終了する。

（3）延長する基準線を選択する

> 延長するオブジェクトを選択：
>
> →延長する線分の延長すべき箇所（基準線上で、補助線に近い部分）をクリックする。線分が延長される。続いて、もう1本の基準線も延長する。
>
> 延長するオブジェクトを選択：
>
> →延長し終えたら右クリック、または ENTER キーを押してコマンドを終了する。

④ 補助線の削除

ここまで作図したら、補助線は不要なので削除（ ERASE ）しよう。

> ERASE ENTER
>
> オブジェクトを選択：　→削除する図形を順次、選択する。
>
> オブジェクトを選択：
>
> →選択し終えたら右クリック、または ENTER キーを押してコマンドを終了する。

⑤ 基準線の移動

ここまで基準線が整理されたら、基準線全体が緑の枠線（長方形）の中心に位置されるように基準線を移動させよう。図形を移動させるコマンドは MOVE である。手順は、移動する図形の選択→移動基点の指示→移動先の指示、という要領だ。

（1）枠の中心点を指示する補助線を描く

ここで移動の基点と移動先を入力するために、あらかじめ枠の中心点を指示できるような補助線を描いておく（図2-6）[7]。

また、以下の作業で線分の交点を拾う必要があるので、オブジェクト・スナップを有効（ON）にしておこう。

> **ワンポイント ＊7**
>
> 基準線全体の中心は X3 通りと建物の中心軸の交点なので、補助線を描く必要はない。

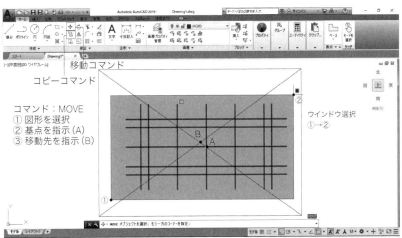

図 2-6　移動する図形（複数）をウインドウ選択する

(2) コマンドを入力する

MOVE ENTER

オブジェクトを選択：

→基準線全体を選択する。基準線の外側で、左下の空白部分、右上の空白
部分の順にクリックする。青色の矩形選択範囲が示されて、基準線全体
が選択される。

補助線も選択されてしまうが、後で削除するので構わない。

選択すべき図形は他にはないので、右クリック、または ENTER キーを押す。

基点を指定：　　→基準線群全体の中心を指定する。

目的点を指定：　　→枠の中心を指定する。

以上で、基準線群が枠の中央に配置された（**図 2-7**）。

補助線は不要なので、ERASE で削除しておく。

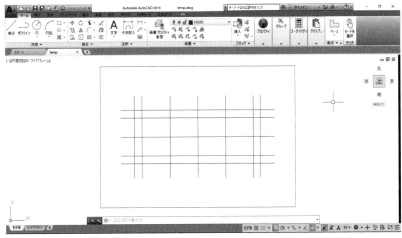

図 2-7　基準線の作図を完了する

(3) 図面を保存する

ここまで作図したら、図面を「名前を付けて保存」しよう。名前は「study_1.dwg」
としよう。保存先はユーザー・ディレクトリのドキュメント・フォルダでよい。

3　柱と壁の作図

基準線を描き終えたら、構造躯体を描こう。

柱の断面寸法は 600mm × 800mm、壁厚は 200mm とする。

まず、柱や壁を作図するための補助線を描いておこう（図 2-8）。

① 補助線のレイヤ分け

補助線には後まで残しておいたほうがよいものと、使い終わったらすぐに削除してしまった方がよいものとがある。

前者の目的では GUIDE を使おう。色はグレーである。

後者の目的では HOJO を使おう。色は紫である。

レイヤ・プルダウンで、現在レイヤを GUIDE に設定する。

オフセット・コマンド　　現在レイヤ：GUIDE に設定

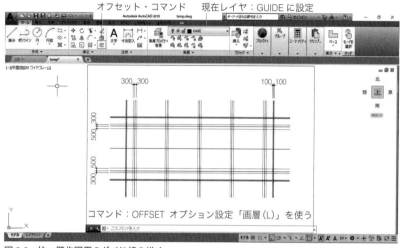

コマンド：OFFSET オプション設定「画層 (L)」を使う

図 2-8　柱・壁作図用のガイド線を描く

② 補助線の作図

通り芯から柱の表面までの距離は 300mm、通り芯から外周の壁の表面までの距離は 100mm である。これを OFFSET で作図してゆく。

オフセットする図形のレイヤは KIJUN であり、オフセットされて作成される図形のレイヤは GUIDE であるから、OFFSET で画層オプションを使用する[8]。

OFFSET ENTER
オフセット距離を指定 または ［通過点 (T) 消去 (E) 画層 (L)］〈通過点〉：
→キーボードで"L"と入力する。コマンド・オプション「画層 (L)」を入力したことになる。
オフセットで作成したオブジェクトの画層オプションを指定：
→キーボードで"C"と入力する。「現在の画層 (C)」を選択したことになる。
オフセット距離を指定 または ［通過点 (T) 消去 (E) 画層 (L)］〈通過点〉：
→"300"と数値入力し、ENTER キーを押す。
オフセットするオブジェクトを選択：　→線分を指定する
オフセットする側の点を指定：　→どちら側かを指定する
オフセットする側の点を指定：　→ESC キーを押して、コマンドを終了する。

ワンポイント ＊8

画層オプションは一度設定すると、再設定されるまでそのオプションが保持される。もとに戻すときは再設定する。

③ 柱（X1Y1）の描画

補助線を引き終えたら、X1Y1 の位置の柱を描こう（図 2-9）。

後に柱と壁は一体化した表現とするのでレイヤは KABE （白）を使おう。

柱を描く手順は以下である。

(1) 現在レイヤを KABE に設定する

(2) オブジェクト・スナップを有効にする

(3) マウスの中ボタンを回転させて当該部分を拡大表示する

(4) LINE で補助線をなぞって柱の外形線を描く

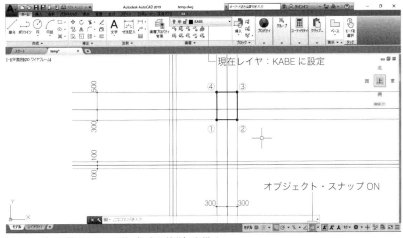

図 2-9　ガイド線をなぞって柱（4 本の線分）を描く

④ 柱の複製・配置

③で描いた柱を COPY で複製し、すべての柱を配置しよう。

COPY の手順は MOVE と同じである。

(1) COPY ENTER

(2) コピーする図形を選択する

(3) 基点を指定する

(4) 移動先を指定する

図 2-10 はすべての柱をコピーし終えた時点のイメージである。

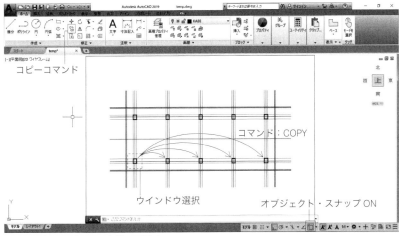

図 2-10　柱をコピーして全体に配置する

⑤ 壁の輪郭線の描画

柱を描き終えたら、壁を描こう。補助線を LINE でなぞり、まず壁の輪郭線を描く（図 2-11）。補助線が足りない部分は、補助線を適宜描き足す。

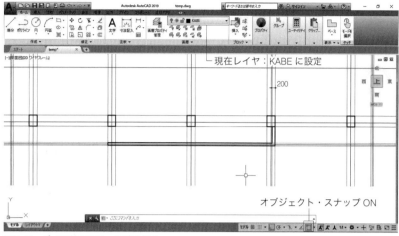

図 2-11　ガイド線をなぞって壁を描く

⑥ 壁の複製

壁を 1 カ所描いたら、建物の中心軸を基準にして上下対称にコピーすれば、反対側の壁が作図される。それには、鏡面複写するコマンド MIRROR を使う。オブジェクト・スナップは ON にしておく。

MIRROR ENTER
オブジェクトを選択：
　→ミラーする図形（この場合は 5 本の線分）を選択する。選択し終えたら
　　右クリック、ないし ENTER キーを押す。
対称軸の 1 点目を指定：　→中心軸上の 1 点目を指定する。
対称軸の 2 点目を指定：　→中心軸上の 2 点目を指定する。
元のオブジェクトを消去しますか？
　→この場合は残すので、キーボードで"N"と入力する。あるいは既定値が
　　〈いいえ〉と記されているので、ENTER キーを押してもよい。

⑦ 柱と壁の一体化

図 2-12 は、柱と壁の取り合いの部分を拡大表示したものである。
柱と壁が一体のものであることを示すために、柱の輪郭線の一部を切り取ろう。
TRIM を使ってもよいが、ここでは 2 本の線分をつなげるコマンド FILLET を使う方法を紹介する。

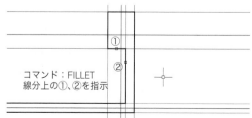

図 2-12　柱・壁の取り合い部分を FILLET する

```
FILLET ENTER
最初のオブジェクトを選択： →片方の線分の残す部分を指定する。
2つ目のオブジェクトを選択： →もう片方の線分の残す部分を指定する。
```

この操作で2本の線分が1点で接続された状態になる[9]。

ワンポイント ＊9

FILLET は本来、2本の
線分を円弧で接続する
ためのコマンドである。
それはオプション「半
径（R）」を指定するこ
とにより描かれる。既
定値は半径 R ＝ 0 であ
るので、ここでは2本
の線分が折れ線として
接続される。

Chapter
2

平面図の作成

4 開口部と階段の作図

カーテンウォール、窓、玄関扉、階段を作図しよう。

① カーテンウォールの描画

ここでは、カーテンウォールをフレーム（枠）の見え掛かりと中央のガラスのライン
という単純な3本の直線で表現しよう。フレームの見込みは 100mm とする。
LINE OFFSET FILLET を使えば、容易に作図できるだろう。

② 窓の描画

壁に空けられた窓も枠線とガラスの線の単純な3本の線分で表現しよう（図 2-13）。
開口幅は 1200mm とする。2つの窓の間の距離も 1200mm としよう。
窓を1カ所描き、それを COPY MIRROR すれば4カ所の窓が完成する。あわせて他
の3カ所の壁の修正も行おう。

(1) スパンの中央に補助線を引く

　スパンは 6000mm であるから、基準線を 3000mm OFFSET すればよい。
　画層オプションを指定して、描かれる補助線のレイヤは HOJO にしよう。

(2) 補助線を追加する

　中央の補助線を 600mm、1200mm オフセットして補助線を追加する。

(3) 壁を補助線で切り取る

　壁を2本の補助線で切り取る（TRIM）。このとき切り取り線は2本選択すること。

(4) 切り取った線分をなぞる

　現在レイヤを KABE に設定して、切り取られた両端を線分でなぞる。

(5) 枠の見え掛かりを描く

　現在レイヤを SIAGE に設定して、枠の見え掛かりを2本の線分として描く。

(6) 外側の枠線を内側に複製する

　現在レイヤを TATEGU に設定して、外側の枠のラインを 50mm 内側に OFFSET
　する。そのとき、画層オプションを指定して、描かれるガラスの線のレイヤが
　TATEGU になるようにする。

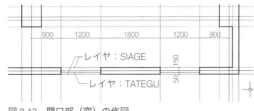

図 2-13　開口部（窓）の作図

③ レイヤの表示・非表示

壁の修正を行うとき、壁以外のレイヤが非表示（OFF）になれば便利である。
リボン中央部のレイヤ・プルダウンのボックスをクリックすれば、レイヤの一覧表が

示される。レイヤ名の左側には、そのレイヤの状態を示す小さなアイコンが並んでいる。一番左端のアイコンは電球のマークで、そのレイヤが表示された状態（ON）であることを示している。その電球マークをクリックすれば、アイコンは青色の電球マークに変化し、作図領域ではそのレイヤの図形が非表示（OFF）になる。

ここで SIAGE や TATEGU というレイヤを非表示にするには、プルダウンを開いて SIAGE や TATEGU のレイヤの電球マークをクリックすればよい。

逆に、いくつかのレイヤが非表示になっていて、すべてのレイヤを表示したい場合は、レイヤ・プルダウンの下に並んだ10個の小アイコンの左下のアイコンをクリックする。それが「全レイヤ表示」のアイコンである。全レイヤ表示はコマンドでも用意されている[10]。

LAYON ENTER

ワンポイント ＊10

全レイヤ表示のコマンドがあるなら、逆に、現在レイヤ以外非表示のコマンドが欲しくなる。たとえば、レイヤ KABE 以外をすべて非表示にするというものである。しかし、残念ながら全レイヤ非表示のコマンドは標準では用意されていないようである。それを解決する方法は後述する。いずれにせよ、レイヤ操作は CAD を使いこなすうえで極めて重要であるので、よく練習して欲しい。

④ 玄関扉の描画

玄関扉は両開き戸で開口幅は 1800mm としよう（図 2-14）。

中心軸を両側に 900mm オフセットした補助線を描いておけば作図しやすい。

円を描くには CIRCLE を使う。円も TRIM で切断することができる。

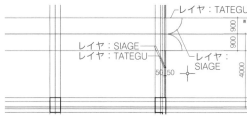

図 2-14　玄関ドアの作図

⑤ 階段の描画

階段幅 1200mm、踏面 300mm、階高は 3600mm なので段数 20 段、蹴上 180mm としよう。

線分を 1 本描いて、それを必要な数だけオフセットして描くこともできるが、ここでは配列複写を実行するコマンド ARRAYCLASSIC を利用してみよう[11]。

（1）線分を 1 本描く

現在レイヤを SIAGE （緑）に設定し、階段の段板の先端の線分を 1 本描く。

（2）配列複写のコマンドを入力する

ARRAYCLASSIC ENTER

図 2-15 のように配列複写のウインドウが開かれる。

ワンポイント ＊11

現在の AutoCAD では ARRAY で配列複写を行うようになっている。この新しいコマンド ARRAY では、元のオブジェクト（図形）も含めて図形名「ARRAY」という複合図形として定義されるようになっていて扱いにくい。ARRAYCLASSIC は複写される図形は元の図形と同じく図形名「LINE」である。配列複写を行う場合は ARRAYCLASSIC を使うほうが簡便である。

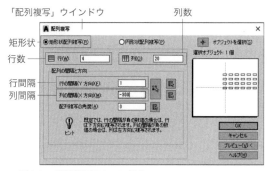

図 2-15　配列複写のウィンドウ

(3) 項目を入力する

この例でインプットすべき項目は次の通りである（**図 2-15**）。

配列複写の種類	矩形状配列複写
行数（Y 方向の数）	1
列数（X 方向の数）	20
行の間隔	任意
列の間隔	−300

(4) 配列複写を実行する

オブジェクト（この例では 1 本の線分）を選択し、OK を押せば、配列複写が実行される（**図 2-16**）。

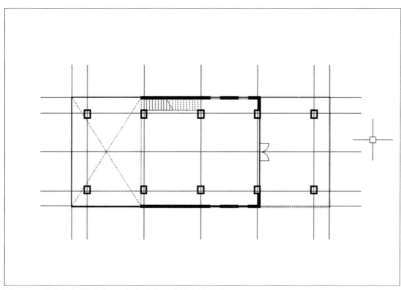

図 2-16　完成した線画／このあと文字・寸法を追記する

ここまで作図できたら「A」マークを押して、「上書き保存」しよう。

5　本章で導入した AutoCAD コマンド

コマンド名	機能・目的
OFFSET	オフセットする
TRIM	切断する
EXTEND	延長する
OPTIONS	オプション設定ウインドウを表示する
ERASE	削除する
MIRROR	鏡面複写する
FILLET	面取りする
LAYON	全レイヤ表示
ARRAYCLASSIC	配列複写する

文字と寸法の記入

ここでは、図面を構成する要素の1つである文字と寸法の記入について解説する。

1 文字設定

① 文字スタイルの設定

AutoCAD では文字を記入する前に、文字スタイルを設定しなければならない。

テンプレートファイル waku_a3_100.dwt を使った場合は、あらかじめ縮尺 1/100、A3 用紙印刷用に文字が設定してあるが、文字高さを変更する場合などは設定し直す必要がある。

(1) ファイルを開く

Chapter 2 で作図した「study_1.dwg」を開こう。「A」マークを押し、「開く」「図面」をクリックすれば、「ファイルを選択」ウインドウが開く。「探す場所」を指定し、該当するファイル名「study_1.dwg」を選択し、「開く」ボタンを押す。

(2) コマンドを入力する

文字の設定を行うためのコマンドは STYLE である。

リボンから起動させる場合は、上部のメニューで「注釈」[*1] タブをクリックし、「文字」グループの右下の矢印を押せばよい。この作業が終わったら、上部のリボンは「ホーム」タブに戻しておく。

STYLE ENTER

(3) 文字スタイル管理パネルを設定する

さしあたり、使用するフォントと文字高さを以下のように設定すれば十分である。設定が完了したら、「現在に設定」を押す。次回、文字を再設定するまで、この設定が引き継がれる。

スタイル名	"msgothic" が設定されていれば、それを使う。それ以外のフォントを使いたい場合は「新規作成」を押す。新規作成する場合は、スタイル名を適宜入力する。
フォント	フォントを選ぶ。スタイル名が msgothic の場合は、フォント「MS ゴシック」が既に選ばれているので、そのままでよい。スタイル名を新規作成した場合は、フォントを選ぶ[*2]。
高さ	文字の高さ（図面上の mm 単位）を指定する[*3]。

図 3-1 「文字スタイル管理」ウインドウ

2 文字記入／プロパティの修正

① 文字記入コマンドの使い分け

図面に文字を記入するには、上部のリボンで「注釈」グループの「文字」アイコンを押し、「マルチテキスト」もしくは「文字記入」を押せばよい。

それぞれの使い分けは以下の通りである。

名称	コマンド	特徴
マルチテキスト	MTEXT	図面上で矩形の範囲を設定して、その中にテキストを流し込むようなときに使う。長文の文章をレイアウトして配置する場合に使用する。
文字記入	TEXT	室名のような短い文字列の記入に便利である。

② 室名の記入

コマンドによる文字列の入力は以下の手順で行う。

(1) レイヤを設定しコマンドを入力する

「study_1.dwg」を開き、TEXT を使って、図面上に室名を記入しよう。

現在レイヤを MOJI （黄色）に設定しよう。

TEXT ENTER

(2) 文字列の始点を指定する

文字列の始点を指定：

→文字列を記入する場所を指定する。図形の描かれていない適当な場所に十字カーソルを移動して、クリックする。

(3) 文字列の角度を指定する

文字列の角度を指定〈0〉：

→文字列を回転させないので"0"と入力する。あるいは既定値が〈0〉と記載されているので、単に ENTER キーを押してもよい。

(4) 文字列を記入する

カーソルが I 型に変わるので、文字列を記入する[*4]。

ENTER キーを押すと改行される。

もう一度 ENTER キーを押して文字列を確定し、コマンドを終了させる。

では図面に室名を記入してみよう。文字列の入力には、配置する位置を指定する必要がある。

適当な位置に配置した後に、MOVE を使って移動することにしよう。

TEXT ENTER

文字列の始点を指定：　→適当な場所でクリックする。

文字列の角度を指定〈0〉

→ENTER キーを押す。カーソルが I 型に変わるので、キーボードで"エントランス・ホール"と入力し、ENTER キーを2度押す。

同様にして「ポーチ」「上部吹き抜け」「スペース1」という室名を作成しよう。

文字オブジェクトが作成されたら、MOVE を使って、それぞれの部屋の中央部分に文字を移動しよう。

ワンポイント *4

この操作の途中で「全角／半角」キーを押せば、日本語の文字列も入力できる。ただし、コマンドは半角アルファベットで入力しなければならない。

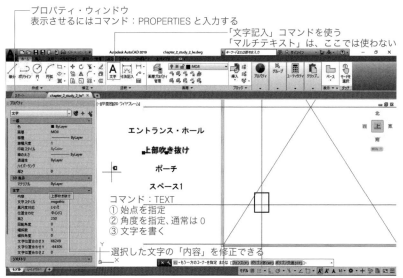

図 3-2 TEXT にて文字記入

③文字列の修正

確定させた文字列を修正するには、主に以下の2つの方法がある。

●文字列の直接選択

(1) 文字列をダブルクリックする

カーソルを該当する文字列に当ててダブルクリックすると、文字列が選択されて網掛けの状態になる[*5]。

(2) 文字列を修正する

再度クリックすれば、カーソルがI型に変わるので、ワープロと同じ要領で文字列を修正することができる。

(3) 修正を確定する

修正し終わったら ESC キーを2度押す。1度目で、修正が確定し（他の文字列を選択するようにピックボックスが現れる）、2度目でコマンドが終了する。

●プロパティ・ウインドウの表示

(1) プロパティ・ウインドウ[*6]を表示する

上部リボンの「プロパティ」グループの右下の矢印を押せばプロパティ・ウインドウが表示される。あるいは、以下のコマンドを入力してもよい。"PROP"と打てば補完される。

PROPERTIES ENTER

(2) 修正したい文字列を選択する

プロパティ・ウインドウが表示されたら、修正したい文字列をクリックして選択しよう。

選択されると、プロパティ・ウインドウにそのオブジェクト（この場合は文字オブジェクト）の情報が記される。

(3) 文字列を修正する

「内容」という項目に記されている文字列を修正すればよい。修正したい文字列が書かれている欄をクリックすればテキスト・ボックスに変わり、ワープロと同じ要領で文字を修正可能になる。

文字を修正し終えたら ENTER キーを押す。

ワンポイント ＊5

文字列をダブルクリックする代わりに、TEXTEDIT ENTER と入力してもよい。ED と省略することもできる。

ワンポイント ＊6

プロパティ・ウインドウでは記載された文字の内容だけでなく、レイヤ、文字スタイル、文字高さや位置合わせなどを修正することができる。また、プロパティ・ウインドウで修正できるオブジェクトは文字に限らない。直線や円、円弧などあらゆる図形オブジェクトのプロパティが修正可能である。解像度の大きなモニターを使用している場合は、プロパティ・ウインドウを常に出しておいてもよい。

(4) 修正を確定する

すべての修正を終えたら ESC キーを押そう。同時に図面上でも修正が完了し、選択が解除される。

④ 操作の取り消し

修正した文字列を修正前に戻したい場合など、操作を取り消すための手順は以下の通りである。

> UNDO ENTER
> 取り消す操作の数を入力〈1〉：
> →何回目の操作まで取り消すか入力する。1度でよければ"1"と入力する、あるいは既定値は1なので ENTER キーを押す。

取り消す操作の数を入力するのが煩わしい場合は、以下のコマンドで直前の操作のみ取り消すことができる。

> U ENTER

⑤ 通り芯記号の作図

次に、通り芯の記号を作図しよう。手順は以下の通りである。

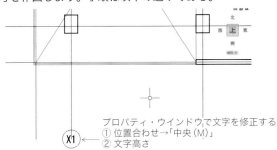

プロパティ・ウインドウで文字を修正する
① 位置合わせ→「中央（M）」
② 文字高さ

図3-3　通り芯記号の作成

(1) レイヤを設定して円を描く

X1通りの基準線の端点を中心にして CIRCLE で半径400mmの円を描く。現在レイヤは TEMP1 （水色）に設定しておく。

(2) レイヤを変更して文字オブジェクトをコピーする

オブジェクト・スナップがONであることを確認し、現在レイヤを MOJI （黄）に設定する。既に描かれている「スペース1」という文字オブジェクトを、 COPY で半径400mmの円の近くにコピーする[*7]。

(3) プロパティ・ウインドウで修正する

PROPERTIES を実行し、コピーした文字オブジェクト「スペース1」をクリックして選択して、プロパティを以下のように修正する。

項目名	変更前	変更後
文字高さ	250mm	350mm
位置合わせ[*8]	左寄せ（L）	中央（M）
文字の内容	スペース1	X1

(4) 文字列を移動する

文字オブジェクト「X1」を、文字列の中心を基点にして[*9]、基準線の端点を目的点として移動する（ MOVE ）。

ワンポイント ＊7

TEXT で新たに文字オブジェクトを作成してもよい。

ワンポイント ＊8

既定値「左寄せ（L）」は文字列の左下端が位置合わせの基点である。「中央（M）」は文字列全体の中心位置が位置合わせの基点となる。

ワンポイント ＊9

文字列の中心をスナップするためには、オブジェクト・スナップ設定で「挿入基点」にチェックが入っていなければならない。既定値ではチェックが入っていないので、 MOVE で 基点を指定： と聞かれたとき、ins （insert（挿入基点）の略）と入力する。 目的点を指定： と聞かれたときは基準線の端点であるから end と入力してもよいし、このときオブジェクト・スナップがONであれば、 end と入力しなくても端点を拾うことができる。

(5) オブジェクトの位置を調整する

ここまでの作業で、円の中心に X1 という文字を配置することができた。ただし、円の中心が基準線の端点にあるので、円と X1 という文字を Y 方向に－400mm 移動しよう。(MOVE)で、円と文字オブジェクト「X1」を選択した後、移動基点を（0,0,0）、移動先を（0,－400,0）と数値入力すればよい。

(6) オブジェクトをコピーする

X1 通りの先端に半径 400mm の円と「X1」という文字オブジェクトが作成されたら、その 2 つのオブジェクトを X2 通り、X3 通り、X4 通り、X5 通りにコピーする。(COPY)を使ってもよいし、X 方向のスパンが 6000mm であることを使えば、配列複写コマンド(ARAYCLASSIC)も利用できる。

(7) コピーしたオブジェクトを修正する

コピーされた文字列はすべて「X1」という内容である。プロパティ・ウインドウを開いて、文字の内容を「X2」「X3」などに修正する。

以上で、X1～X5の通り芯記号が作画された。同様の手順でY1、Y2通りの記号を作画しよう。

3　寸法設定

① 縮尺に合わせた寸法スタイルの設定

付録のテンプレートファイル「waku_a3_100.dwt」は、A3 用紙、縮尺 1/100 印刷用に、あらかじめ寸法設定がなされている。しかし縮尺を変えて印刷するような場合には、寸法の書式設定を変更しなければならない[10]。寸法設定は以下の手順で行う。

(1) 寸法スタイル管理のウインドウを開く

下記のコマンドを入力するか、リボンから上部のメニューで「注釈」タブをクリックし、「寸法記入」グループの右下の矢印を押せばよい。

(DIMSTYLE)(ENTER)

図 3-4　「寸法スタイル管理」ウインドウ

(2) 寸法スタイルの修正を選択する

寸法スタイル管理のウインドウが表示されたら「修正(M)」ボタンを押す。

(3) 矢印のサイズを変更する

「シンボルと矢印」タブを開く（**図 3-5**）。

ワンポイント ＊10

テンプレートファイル「waku_a3_100.dwt」を使用して、A3 用紙、縮尺 1/100 での出力を想定する場合、寸法の書式設定を変更する必要はない。

修正が必要なのは「矢印のサイズ」である。これは「小黒丸」のサイズを表している。300と記載されているが、これは縮尺1/100印刷用であり、例えば縮尺1/200で印刷する場合は、600などと修正が必要である。縮尺1/50のときは150などとする。

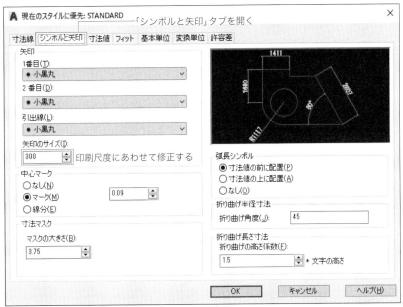

図 3-5　寸法スタイルの修正／シンボルと矢印

(4) 寸法値を修正する

「寸法値」タブで修正する可能性があるのは、「寸法線からのオフセット」である。40と記載されているが、これは寸法線と文字との間隔であり、印刷する縮尺に合わせて適宜修正すれば、文字が読みやすくなる[11]。

ワンポイント ＊11

ここで注意すべきは、文字の高さは変更できないことである。文字スタイル、文字の色、文字高さは「文字設定」に連動しているので、「寸法設定」を行う前に「文字設定」を行わなければならない。

図 3-6　寸法スタイルの修正／寸法値

(5) 修正を確定する

修正が終わったら、OKボタンを押し、寸法スタイル管理のウインドウに戻り、「現在に設定（U）」「閉じる」ボタンを押す。

4 寸法記入

① 寸法記入に使用するコマンド

寸法記入のコマンドは [DIM] である[*12]。寸法は計測する 2 点と寸法線の位置を示す 1 点、計 3 点を入力することで描かれる。長さは自動的に計測されるので、文字入力は行わない。コマンドの操作手順は以下の通りである。

ワンポイント *12

ディメンションの略。上部のリボンの「注釈」グループのなかの「寸法記入」アイコンを押してもよい。

> [DIM] [ENTER]
> [オブジェクトを選択 または 1 本目の寸法補助線の起点を指定：]
> →1 本目の寸法補助線の起点、すなわち計測する距離の 1 点目を指定する。
> オブジェクト・スナップを効かせておいて、正確に点を指定すること。
> [オブジェクトを選択 または 2 本目の寸法補助線の起点を指定：]
> →2 本目の寸法補助線の起点、すなわち計測する距離の 2 点目を指定する。
> [寸法線の位置を指定 または… ：]
> →寸法線が通る位置を指定する。

こうして 3 点入力することで、1 カ所の寸法が描画される。終了する場合は [ESC] キーを押す。続けて寸法記入する場合は、1 本目の寸法補助線の起点を指定する。

② 寸法の記入

では、実際に寸法を記入してみよう。

(1) 寸法の補助線を描く

現在レイヤを [GUIDE]（グレー）に設定し、[LINE] [FILLET] [OFFSET] で補助線を描く（図 3-7）。

補助線の間隔（＝寸法線の間隔）は 500 とする（1/100 で印刷する場合、5mm の間隔となる）。

「寸法記入」アイコン（コマンド：DIM）

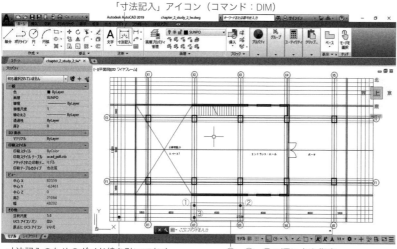

寸法記入のためのガイド線を引いておく　　　①→②→③の順に点を指定
図 3-7 [DIM] にて寸法記入

(2) レイヤとオブジェクト・スナップを設定する

現在レイヤを [SUNPO] に設定して、オブジェクト・スナップを ON にする。

(3) コマンドで寸法を記入する

[DIM] で必要な箇所に寸法を記入してゆく。

5 細部の描画・表記の修正

① 階段部分の修正

現段階では、階段部分は段板の先端の線分を 300mm 間隔で 20 本、配列複写しただけである。空間として使える階段の下部は、建築の平面図では**図 3-8** のように表記する。これを AutoCAD で作図しよう。

使用するコマンドは、図形を回転する ROTATE である。リボンの「修正」グループの上段、左から 2 番目のアイコンを押すことでも起動する。

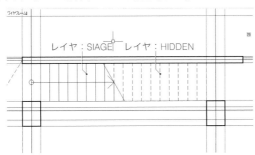

図 3-8　階段部分の修正

作図手順は以下の通りである。

(1) コマンドを入力して線分を回転する

> ROTATE ENTER
>
> オブジェクトを選択：
> 　→真ん中の段板を表す線分 1 本を選択する。右クリックで選択を終了する。
> 基点を指定：
> 　→回転の基点を指定する。この場合は、選択した線分の中点を指定する。
> 　　そのためには右下のオブジェクト・スナップのアイコンを右クリックして「中点」にチェックをいれるか、キーボードで"mid"（middle の略）と入力する。
> 回転角度を指定：
> 　→"30"と数値入力する。30° 回転するという意味。角度は反時計回りが正であることに注意。

この操作で線分を回転させることができる。

(2) 元の線分を描き直す

(1) により元の線分がなくなってしまうので、隣の線分を OFFSET して元の線分を描き直しておく。

(3) 段板の一部のレイヤを変更する

斜めに切り取った段板の先の部分は、段板を破線で表現しよう。

破線は HIDDEN1 （黄）または HIDDEN2 （緑）というレイヤで線種が定義されている。いま、階段を表す線分のレイヤは SIAGE （緑）であるが、それをレイヤ HIDDEN2 （緑）に変えれば、線種が変更される。

レイヤを変更するには、変更したい図形を選択し、リボンのレイヤ・プルダウンで変更後のレイヤを選択すればよい。

(4) 破線間隔の設定

描かれる破線の間隔を設定するには、 LTSCALE [13] を実行する。

ワンポイント ✳13

破線の間隔はシステム変数を使って設定されている。システム変数はコマンドと同様に入力して設定する。

`LINE` `CIRCLE` `OFFSET` `ROTATE` `TRIM` `EXTEND` `CHANGE` を使えば、**図** 3-9 のよ
うに階段を作図することができる。

② 軒の出の表記

玄関ポーチ上部の軒の先端のラインもレイヤ `HIDDEN2` で描いておこう。その他、図面
タイトル、方位、断面図の切断位置など記載すれば、1 階平面図が完成する（**図** 3-9）。

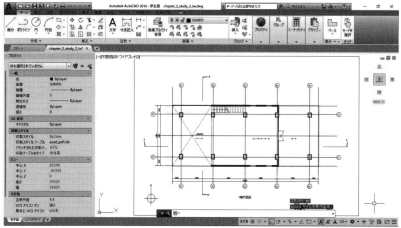

図 3-9　1 階平面図の完成

6　本章で導入した AutoCAD コマンド

コマンド名	機能・目的
STYLE	文字設定
TEXT	文字記入
TEXTEDIT（ED）	文字編集
PROPERTIES	プロパティ・ウインドウを表示する
UNDO	取り消す
U	直前の作業を取り消す
DIMSTYLE	寸法設定
DIM	寸法記入
ROTATE	回転する
CHANGE	変更する
MATCHPROP（MA）	図形のプロパティを、他の図形のプロパティに合わせる
LTSCALE	線種尺度の設定

Column

オブジェクトのレイヤをコマンドで変更する

オブジェクトのレイヤを変更するには、以下のコマンドを用いることもできる。あるいは PROPERTIES
でプロパティ・ウインドウを出して、画層プロパティを修正してもよい。

CHANGE ENTER
変更位置を指定 または ［プロパティ（P）］： → "P" と入力し、ENTER キーを押す。
変更するプロパティを入力 ［… 画層（LA）…］： → "LA" と入力し、ENTER キーを押す。
新しい画層名を入力〈SIAGE〉： → "HIDDEN2" と入力し、ENTER キーを押す。
変更するプロパティを入力 ［… 画層（LA）…］： →ENTER キーを押す。

すでに作図領域のどこかに変更後のレイヤ（この場合は HIDDEN2 ）の図形が描いてあれば、プロパティ
をコピーするコマンド MATCHPROP （省略形は MA ）も便利である。

MA ENTER
コピー元オブジェクトを選択：
　→変更後のレイヤをもつ図形を選択する。この場合は HIDDEN2 で描かれた図形を選択する。
コピー先オブジェクトを選択：
　→複数選択可。例えば STAGE をもつ図形をクリックすれば、その図形のレイヤが HIDDEN2 に変更
　される。
コピー先オブジェクトを選択：
　→終了するには右クリック、または ENTER キーか ESC キーを押す。

<table>
<tr>
<td>

Chapter

4

</td>
<td>

断面図・立面図の作図

</td>
</tr>
</table>

Chapter 3 で完成した 1 階平面図をもとにして 2 階平面図を作成しよう。その後、断面図・立面図を作成しよう。

1　2 階平面図の作成

完成した 1 階平面図を一式コピーして、そのコピーに修正を加えて 2 階平面図とすれば作業が早い（図 4-1）。

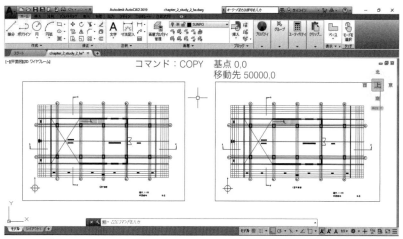

図 4-1　1 階平面図を一式、50m 離れた位置にコピーする

(1)　コマンドを入力してコピーする[*1]

> COPY ENTER [*2]
>
> オブジェクトを選択：
>
> →コピーする図形（この場合はすべての図形）を選択するため、ウインドウ選択を用いる。枠の左下、枠の右上の順にクリックする。すべて選択し終えたら右クリックする。
>
> 基点を指定：
>
> →"0,0,0" と数値入力する。または Z 値を省略して "0,0" でもよい。
>
> 2 点目を指定：
>
> →"50000,0,0" と数値入力する。コピー先は X 方向に 50000mm 離れた点である。または Z 値を省略して "50000,0" でもよい。
>
> 2 点目を指定：　→ESC キーを押してコマンドを終了する。

(2)　コピーした 1 階平面図を修正する

50m 離れた位置にコピーした 1 階平面図を修正して、2 階平面図を作成する。LINE OFFSET TRIM EXTEND TEXTEDIT などを使えばよい。

完成したら「上書き保存」しよう。図 4-2 は完成した 2 階平面図を印刷したものである。

> **ワンポイント ＊1**
>
> 「ダイナミック入力」機能は無効であることを確認しておく（**Chapter 1**）。

> **ワンポイント ＊2**
>
> CP でも可

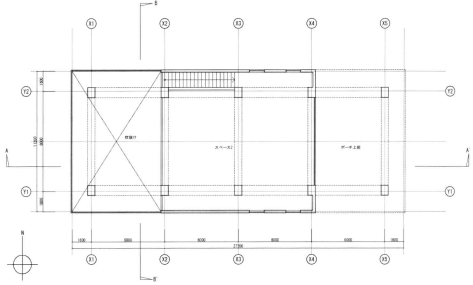

図 4-2　2 階平面図（付録ファイル：study_1_drawings.pdf）

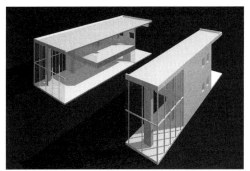

図 4-3　建物を鉛直面で切断する

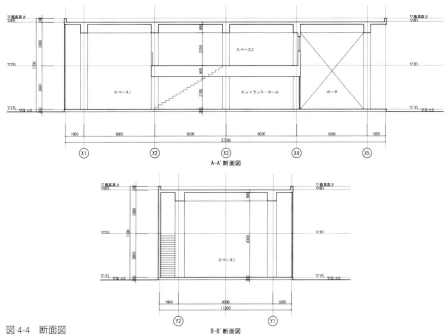

図 4-4　断面図

2 モデルの断面図

平面図が建物の水平断面図であるように、断面図は建物の鉛直断面図である。

図 4-3 は建物の 3 次元モデルを鉛直面で切断した透視図である。

切断面の 2 次元投影図が断面図（**図** 4-4）である。

長手方向（A-A'）、短手方向（B-B'）という 2 面を描き起こそう。

階高は 1 階、2 階とも 3600mm である。

1 階床高（1FL）は周囲の地盤面（GL）より 200mm 高い位置に設定している[*3]。

パラペット天端（＝最高高さ）は屋根面（RFL）より 300mm 高い位置に設定した。最高高さ＝ GL ＋ 7700mm となる。

1 階の天井高さは 2700mm である。

2 階天井は梁・スラブ現しの仕上げを想定した。梁せいは 900mm、梁幅は柱幅と同じく 600mm ないし 800mm である。スラブ厚さは 200mm である。壁厚も 200mm である。

ワンポイント ＊3

このことを 1FL ＝ GL ＋ 200mm と表記する。

3 断面図の作図

いま作図中の図面には、1 階平面図、2 階平面図が描かれている。

以下の手順で、平面図を利用して断面図を作図しよう。平面図の場合と同じように、まず基準線を描き、必要な補助線を描いたうえで、躯体の断面線、柱の見え掛かり、開口部と建具、など補助線をなぞりながら描いてゆけばよい。

① 基準線の描画

(1) 平面図一式を余白の部分にコピーする

COPY を起動して、平面図一式をウインドウ選択し、基点、移動先は画面上で適当に指示すればよい。余白部分が小さいときは、マウス・ホイール（中ボタン）を回して表示画面を縮小する。

(2) 不要な情報を削除する

寸法や補助線（GUIDE）、室名は不要なので ERASE で削除する。

(3) 平面図を複製する

不要なものを削除した平面図を右側にコピーする。基点、移動先は適当でよい。

(4) 複製した平面図を回転する

コピーした平面図を ROTATE で＋90° 回転する。

角度を数値入力するとき、反時計回りが正であることに注意する。

(5) 2 つの平面図の配置を調整する

2 つの平面図がなるべく近接するように MOVE で調整する[*4]。

(6) 基準線を余白にコピーする

縦方向の基準線を平面図の上部の余白にコピーする。

(7) グラウンド・レベルの水平線を引く

直交モードが有効になっていることを確認したうえで、現在レイヤを KIJUN にセットし、LINE で平面図の上部余白に 1 本水平な線分を引く。

これがグラウンド・レベル（GL）の直線になる。

(8) 高さの基準線を描く

GL を OFFSET して、1FL、2FL、RFL の基準線を描く。

オフセット距離は、1FL ＝ GL ＋ 200、2FL ＝ 1FL ＋ 3600、RFL ＝ 2FL ＋ 3600 である。

最高高さ＝ RFL ＋ 300 であるので、最高高さを示す基準線も描いておく。

ワンポイント ＊4

平面図を下に置いて、断面図を真上に描く方法は、図学において第 1 角法と呼ばれる作図法である。

(9) 縦軸の長さを揃える

まず現在レイヤを $\boxed{\text{HOJO}}$ にセットし、GL と最高高さを示す基準線を上下に 3000mm の距離で $\boxed{\text{OFFSET}}$ した補助線を描く。

次にその補助線に合わせ、$\boxed{\text{TRIM}}$ か $\boxed{\text{EXTEND}}$ で縦軸の基準線の長さを揃える。

(10) 通り芯記号をコピーする

通り芯記号を平面図からコピーする。

ただし、右側の短手方向断面図の通り芯記号の文字（Y1 および Y2）は 90° 回転してしまっている。$\boxed{\text{PROPERTIES}}$ でプロパティ・ウインドウを開き、Y1 と Y2 という文字を選択し、「回転角度」を 90 から 0 に修正する。

ここまでの作業で**図** 4-5 が作成される。

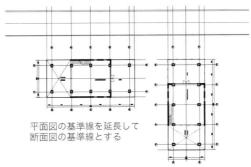

平面図の基準線を延長して
断面図の基準線とする

図 4-5　コピーした平面図をもとにして断面図の基準線を描く

② 断面線・見え掛かり・階段の描画

(1) 補助線を描く

平面図の場合と同じように $\boxed{\text{GUIDE}}$ で補助線を引く（**図** 4-6）。

図 4-6　柱、外周壁、天井面を描くためのガイド線を作成する

(2) 断面線を描く

現在レイヤを $\boxed{\text{KABE}}$（白）にセットする。

オブジェクト・スナップは有効（ON）にし、補助線（$\boxed{\text{GUIDE}}$）を $\boxed{\text{LINE}}$ でなぞって躯体の断面を描いてゆく[*5]。

X4 通りの 2 階の外壁開口部のように補助線が足りない箇所は補助線を描き足しておく。

この場合は窓下端が FL＋1200、開口部高さは 1200 であるので、$\boxed{\text{HOJO}}$（紫）で補助線を描いている。

建物外部の地面の断面線も描いておく。ここまでで、**図** 4-7 の状態となる。

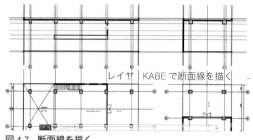

図 4-7　断面線を描く

（3）建具と柱・階段の見え掛かりを描く

建具と柱・階段の見え掛かりを描けば、**図** 4-8 のようになる。

見え掛かりは SIAGE （緑）、カーテンウォールや窓のガラスは TATEGU （黄）で
作図する。

図 4-8　見え掛かりを描く

（4）階段を描く

図 4-9 のように、あらかじめ補助線を引いておく。

現在レイヤを HOJO にセットして、補助線を 1 本引いたら、ARRAYCLASSIC で
配列複写する。

1 段目の階段の手前にも踏面の幅（この場合 300mm）と同じ距離を OFFSET し
た補助線を引いておき、それと 1FL との交点から 2 階床の上がりきるポイントま
で斜めに補助線を引いておけば階段を作図しやすい。階段を 1 段分描いたら、斜
めの補助線に沿ってコピーしてゆけばよい。

床スラブや柱の奥に隠れる部分は、階段の線分のレイヤを HIDDEN1 （緑・破線）
に変更しておく。

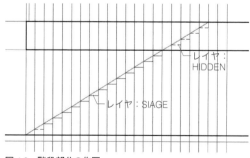

図 4-9　階段部分の作図

③ 断面図のレイアウト

いま、長手断面図と短手断面図の基準線、ガイド線、地盤面の断面線（GL）は 1 本の
線分でつながっている。A3 用の枠に 2 枚の断面図をレイアウトするために、それらの
つながった線分を分割しよう。

(1) 補助線を描く

補助線を 2 本描いて、中間を TRIM で切り取り、2 つの断面図を分割する。

(2) 図面枠をコピーする

A3 用紙、1/100 印刷用の図面枠（ SIZE ）を余白の部分にコピーする。

(3) 断面図をレイアウトする

コピーした枠の中に、2 つの断面図を MOVE で移動して、レイアウトする。

あらかじめ枠の中に、GL ラインの位置、建物中心線の位置などを補助線として描いておくとよい。

(4) 寸法・室名を書き入れる

レイアウトできたら、平面図の場合と同様に、寸法を記載する。あらかじめ補助線を描いておくこと。室内にも天井高さなどの寸法を記載する。

室名は平面図のものをコピーしてくればよい。

(5) 基準線に高さを書き入れる

高さ方向の基準線に、地盤面高さ、各階床高、最高高さを記載する。

▽ GL±0、▽ 1FL、▽ 2FL、▽ RFL、▽最高高さ、などと記す。

(6) 図面名称を記す

以上で、断面図が完成する（**図** 4-10）。

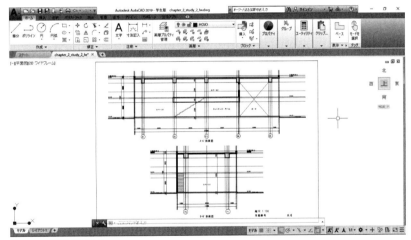

図 4-10　断面図の完成

4 立面図の作図

断面図が完成したら立面図を作図しよう。断面図を敷き込んで、その上で立面図を描けば作図が容易である。

① 断面図の敷き込みとトレース

(1) レイヤの作成

準備として、下敷きにする図形のためのレイヤを用意しよう。

コマンド LAYER と入力して、画層管理のウィンドウを出そう。そしてレイヤを新規作成しよう。レイヤ名は「UNDERLAY」、色番号 123、線種は実線（continuous）としよう。

(2) 断面図をコピーする

断面図を一式、余白部分にコピーする。

(3) 位置を調整する

短手断面図を長手断面図と GL が同じレベルになるように MOVE で移動する。

オブジェクト・スナップを有効にして、短手断面図をすべて選択した後、短手断面図の GL の左側の端点を基点にして、長手断面図の GL の右側の端点を移動先に指定すればよい。

(4) レイヤを変更する

基準線、ガイド線以外の図形をすべて UNDERLAY に変更すれば、立面図作図用の下書きが完成する（**図 4-11**）。

KIJUN （赤）の基準線、GUIDE （グレー）のガイド線、下敷きにした UNDERLAY （淡青緑）の断面図がオーバーラップされている。これを下書きにして立面図を描いてゆけばよい。

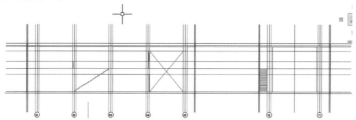

基準線、ガイド線以外をすべてレイヤ：UNDERLAY に変更する

図 4-11　断面図を一式、コピーして立面図の下図とする

(5) 下書きのトレース

レイヤをセットして、下書きを LINE でなぞってゆけばよい。

オブジェクト・スナップは有効（ON）にしておこう。

印刷設定については後で説明するが、白は 0.25mm(黒)、黄と水色は 0.15mm(黒)、緑と青と紫は 0.1mm（黒）、赤は 0.1mm（グレー）の線分幅で印刷される。

立面図では、強調する部分は黄あるいは水色、その他の部分は緑ないし青、グランド・ラインは白のレイヤを用いればよい。したがって、グランド・ラインは KABE （白）、強調する線は MAJIKIRI （黄）、その他の線は SIAGE （緑）で描くことにする。

カーテンウォールのマリオンは 1600mm 間隔、サッシュの見付けは 50mm 幅で描いてある。正方形の窓は外形 1200mm 角であり、窓枠の見付けは 50mm 幅で描いてある。

これらを作図するときは、あらかじめ補助線を描いて、その上をなぞって描けばよい。描き終わったら、不要になった補助線は削除する。

4つある1200角の正方形の窓は、1カ所描いて、それをコピーすればよい。

図4-12は立面図のアウトラインを作図し終えたところである。

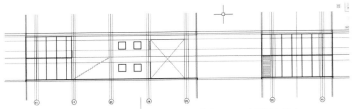

レイヤ：UNDERLAYを下敷きにして立面図を描く

図4-12　断面図を下図にして、立面図を描いてゆく

② 立面図のレイアウト

（1）図面枠をコピーする

A3用紙、1/100印刷用の図面枠（ SIZE ）を余白の部分にコピーする。

（2）立面図を移動してレイアウトする

コピーした枠の中に、2つの立面図を MOVE で移動してレイアウトする。

あらかじめ、GLラインの位置、建物中心線の位置などを枠の中に補助線として描いておくとよい。

（3）記載情報をコピーする

通り芯記号、寸法、地盤面高さ、各階床高、最高高さなどの文字を断面図からコピーする。

（4）図面名称を記す

以上で、立面図が完成する（図4-13）。

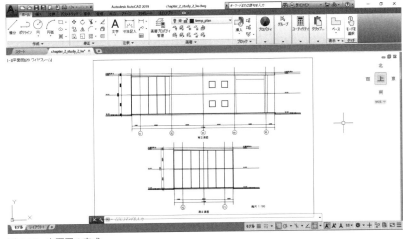

図4-13　立面図の完成

完成した立面図を印刷したものが図4-14である。

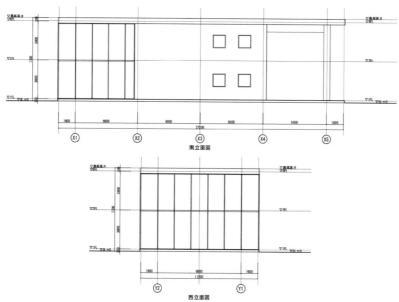

図 4-14　立面図（付録ファイル：study_1_drawings.pdf）

完成図面の整理・印刷

① 図面の整理・配置

これまでの作図で 1 階平面図、2 階平面図、断面図、立面図が完成した。

図面ファイル「study_1.dwg」の中で、完成した図面を整列して配置しておこう。

（1）図面枠の配置

　　隣り合う図面の間隔は 50000mm である。

　　まず、ARRAYCLASSIC で 4 つの図面枠を 50000mm 間隔で配置する。

（2）図面枠に図面をコピーする

　　図面枠の中にそれぞれの図面をコピーまたは移動して貼り付ける（**図 4-15**）。

　　忘れずに「上書き保存」しよう。

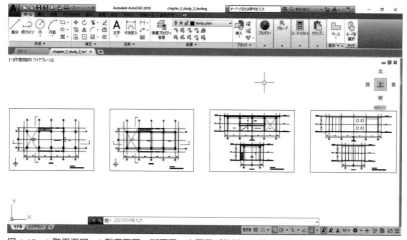

図 4-15　1 階平面図、2 階平面図、断面図、立面図／整列して並べておく

② ページ設定ファイルの適用

図面を作図し終えたら、印刷しよう。

モニターの上では、赤や白、緑といった色が用いられるが、紙の上に印刷する場合は線の強弱（太さ）に置き換えなければならない。

AutoCADでは、この対応表は「ペン設定」のファイルという形で準備される。

図面を作成するために使用した「waku_a3_100.dwt」というテンプレートファイルには、あらかじめ色や線種を定義したレイヤが用意されている。

付録ファイル「acad_pdf.ctb」は、それらのレイヤの色に対応したペン設定ファイルである。

以下の手順で、設定を適用しよう。

(1) ファイルをコピーする

ユーザー・ディレクトリのacad_addinsフォルダにacad_pdf.ctbをコピーする。

(2) AutoCADで独自のペン設定ファイルを使うために、オプション設定を開く[*6]。

　　　　OPTIONS ENTER

ワンポイント ＊6

画面左上の「A」マークを押し、「オプション」ボタンを押してもよい。

ワンポイント ＊7

「検索パス」とは、当該のファイルがどこにあるのか探す場所、というような意味である。

(3) 「印刷スタイルテーブル検索パス」をクリックする

ファイル・タブをクリックし、さらに「プリンタサポートファイルのパス」を展開し、「印刷スタイルテーブル検索パス」[*7]をクリックする（**図4-16**）。

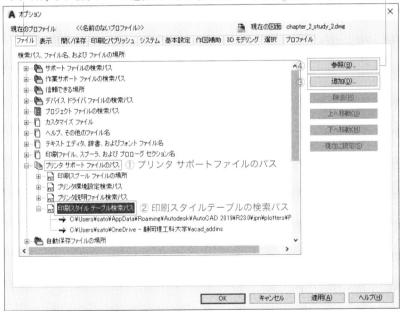

図4-16　オプション設定／印刷スタイルテーブルの検索パス

(4) 印刷設定ファイルを適用する

「追加」ボタンを押し、続いて「参照」ボタンを押す。

「フォルダの参照」というウインドウが開くので、ファイル「acad_pdf.ctb」が収められているユーザー・ディレクトリ内のフォルダacad_addinsを選択し、OKボタンを押す。

この操作で印刷スタイルテーブル検索パスにacad_addinsフォルダが追加される。

設定が終わったら「適用」ボタンを押し、「OK」ボタンを押す。

③印刷

(1) コマンドを入力し「印刷・モデル」ウインドウを開く

印刷のコマンドは **PLOT** [8] である。「印刷・モデル」ウインドウが開く（**図4-17**）。

PLOT **ENTER**

ワンポイント ＊8

PRINT でも可。画面左上の「A」マークを押し、「印刷」ボタンを押してもよい。

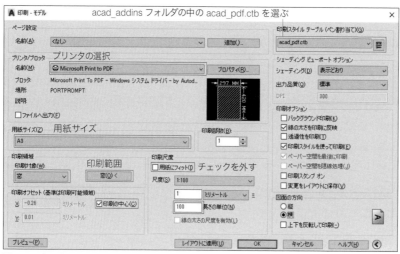

図4-17 「印刷・モデル」ウインドウ

(2) 印刷スタイルテーブル（ペン割り当て）

プルダウンから「acad_pdf.ctb」を選択する。プルダウンの右のアイコンを押せば、acad_pdf.ctb の設定内容を確かめることができるし、修正や保存も行える。現在は以下のように設定されている。

画面上の色	色番号	印刷時の色	線の太さ
赤	1	グレー	0.1mm
黄	2	黒	0.15mm
緑	3	黒	0.1mm
水色	4	黒	0.15mm
青	5	黒	0.1mm
紫	6	黒	0.2mm
黒（白）	7	黒	0.25mm
その他の色		画面上の色と同じ色	

(3) プリンタを設定する

以下のように設定を行う。

項目	設定内容
プリンタ	プルダウンで、システムに接続されたプリンタを選択する。 PDF[9] ファイルとして出力するときは、「Microsoft Print to PDF」などを選択する（Windows 10 の場合）。 Autodesk 社の AutoCAD PDF.pc3 を使うこともできる。
ファイルへ出力	旧来の出力形式なのでチェックしない。
用紙サイズ	A3 など紙の大きさを指定する。
印刷領域	「窓」を選択し、作図画面でどの領域（長方形）を印刷するのかを指定する。長方形の左下の角、右上の角の順に指定する。描かれている図面枠は A3 用紙、縮尺 1/100 用の枠であるので、その図面枠の左下、右上の順にクリックすればよい。あらかじめ、オブジェクト・スナップを有効（ON）にしておくこと。
印刷の中心	紙の中央に印刷されるように、チェックを入れる。
用紙にフィット	チェックを外す（入っていると縮尺が想定通りにならない）。
長さの単位	紙の上の 1mm が画面上の 100 作図単位で印刷されるという意味である。縮尺 1/100 の場合は 100、1/200 ならば 200 と入力する。
図面の方向	縦か横かを指定する。この場合は「横」を選択する。

ワンポイント ✳9

PDF とは文字、画像、ベクトル・データ（CAD データのように図形を座標（数値）で記録したデータ）を統一的に扱うファイル・フォーマットのことである。

Chapter 4

断面図・立面図の作図

(4) プレビューする

「プレビュー」ボタンを押す。

「注釈尺度と印刷尺度は同一ではありません」と警告メッセージが出るが、「継続」ボタンを押す。プレビュー画面が現れる。

内容がよければ ENTER キーを押す。

(5) 印刷を実行する

「印刷・モデル」ウインドウで「OK」ボタンを押す[10]。

再び警告メッセージが出るが、「継続」ボタンを押す。

システム・プリンタが設定されている場合は、ここで印刷データがプリンタに転送される。PDF 作成が設定されている場合は、ファイル・ダイアログが開かれ、PDF の作成場所（フォルダ）を指定し、ファイル名を適宜入力すれば、PDF が作成される。

ワンポイント ✳10

一度印刷を行い、その後に再び印刷を行うようなときは、「印刷・モデル」ウインドウで「名前（A）」のプルダウンから〈直前の印刷〉を選べば、印刷スタイルテーブルなどを再設定する必要がない。

6 本章で導入した AutoCAD コマンド

コマンド名	機能・目的
PLOT または PRINT	印刷する

複合図形

ここでは、ある図面ファイルの中の一部、あるいはすべての図形（オブジェクト）を別の図面ファイルにコピーする方法を紹介しよう。

1 コピー・アンド・ペーストによる図形の複写

まず1つ目の方法はWindowsのコピー・アンド・ペースト機能を使う方法である。

(1) 新規図面を作成する

Chapter 4 で完成した「study_1.dwg」を開こう。

「study_1.dwg」を開いた状態で、新たに新規図面を作成しよう[*1]。「A」マークを押し、「新規作成」をクリックし、acad_addins フォルダに入ったテンプレートファイル「waku_a3_100.dwt」を選択すればよい（**図 5-1**）。

ワンポイント *1

AutoCAD では、複数の図面ファイルを同時に開いて編集することが可能である。新規に作成した図面のファイル名「Drawing1」は、名前を付けて保存されていないファイルに暫定的に付与される名前である。

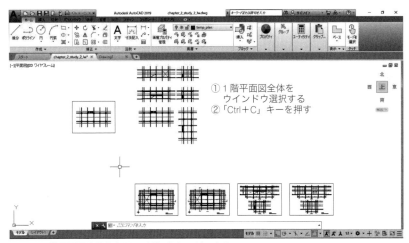

① 1 階平面図全体をウインドウ選択する
② 「Ctrl＋C」キーを押す

図 5-1　1 階平面図全体をクリップボードにコピーする

(2) 既存図面の全体を選択する

study_1の1階平面図全体をウインドウ選択する。1階平面図の図面枠の外側の余白部分で、左下、右上の順にクリックする。選択された図形は色が変わる。

(3) 選択した図形をコピーする

図形が選択された状態で Ctrl キーを押しながら C キーを押す[*2]。
選択された図形のデータがクリップボード[*3]にコピーされる。

(4) 新規図面を開いて画面を縮小表示する

新規図面のタブ（Drawing1）をクリックする。
マウス・ホイールを回転し、画面を縮小表示する。

(5) コピーした図形を貼り付ける

Ctrl＋V を押す。余白部分の適当な位置でクリックすれば、その位置を挿入基点としてクリップボードの内容が貼り付け（ペースト）される。

このように、ワープロでコピー・アンド・ペーストするのと同じ要領で、図形を異なるファイル間でやり取りすることができる（**図 5-2**）[*4]。

ワンポイント *2

以降、同様の操作を Ctrl ＋ C のように表記する。

ワンポイント *3

コンピュータ内の一時的な記憶領域のこと。

ワンポイント *4

ここでは 1 階平面図を一式、コピーしたが、図面の一部だけをコピーすることも、もちろん可能である。例えば方位を示すオリエンテーションの記号をコピーする場合は、その記号（2 本の線分と 1 つの円、1 つの文字）を選択して Ctrl ＋ C、Ctrl ＋ V とすればよい。

新規図面のタブ

① 「Ctrl＋V」キーを押す
② 挿入基点を指示する

図 5-2　1 階平面図を新しい図面にペーストする

2　複合図形

もう 1 つが、図面データを複合図形（BLOCK）として扱う方法である[5]。

① 複合図形への変換

例として、1 階平面図にある方位を示す記号（2 本の線分と 1 つの円、1 つの文字）を複合図形として扱ってみよう。

(1) コマンドを入力し「ブロック定義」のウインドウを開く

study_1 の図面を開く。

オブジェクト・スナップが有効（ON）であることを確認する。

BLOCK ENTER

(2) ブロックの名前を設定する

定義するブロックに名前を付ける。例えば、houi（方位）とする。

(3) 挿入基点を指定する

「挿入基点を指定」と記されたアイコンを押すと作図画面に一旦戻る。

挿入基点は任意の位置に設定できる。ここでは 2 本の線分の交点（円の中心でもある）を挿入基点として指定してみよう。交点を拾うために、オブジェクト・スナップを ON にしておく。

(4) ブロックに変換するオブジェクトを選択する

「オブジェクトを選択」と記されたアイコンを押す。

2 本の線分と 1 つの円、1 つの文字を選択する。ピックボックスで 1 つずつ選択してもよいし、ウインドウ選択ないしクロス選択してもよい。

選択し終えたら右クリックする。

(5) ブロックへの変換を実行する

中央のボタンは、「ブロックに変換」が選択されていることを確認する。

OK ボタンを押せば、選択された図形群が 1 つのブロックに変換される。

図面上でカーソルを変換された図形に当ててみよう。1 つのかたまり（BLOCK）として認識されていることがわかる[6]。

ワンポイント ＊5

これは他の CAD ソフトにおける「グループ化」の機能に相当する。

ワンポイント ＊6

オブジェクトの情報を取ってみよう。

LIST ENTER
オブジェクトを選択：
　→ブロックに変換された図形を選択し、右クリックする。

図形名は「ブロック参照」、画層は SUNPO、ブロック名は「houi」であることなどが、表示される。画層が SUNPO になっているのは、ブロックを作成した時の現在レイヤ SUNPO であったためである。

② 複合図形の挿入

図面内でブロックとして図形が定義されれば、そのブロックを呼び出して任意の位置に挿入することができる。挿入したブロックのレイヤは、その時の現在レイヤとなることに注意しよう。

(1) レイヤを変更する

現在レイヤを TEMP1 にセットする。

(2) コマンドを入力して「ブロック挿入」ウインドウを開く

INSERT ENTER

(3) 項目を設定する

名前：「houi」と記入する。

挿入位置：「画面上で指定」にチェックを入れる。

分解：チェックしない[7]。

以上の設定で OK ボタンを押す。

(4) 挿入位置を指定する

画面上で挿入位置を指定する。

以上の操作でブロック houi が図面上に挿入される[8]。

③ 複合図形の分解

挿入されたブロック図形の分解は、以下のコマンドを実行すればよい。

EXPLODE ENTER
オブジェクトを選択：　→ブロック図形を選択し、右クリックする。

挿入されたブロックは、できる限り分解しないで、ブロックのまま存在した方が扱いやすい。しかし、挿入したブロックに微修正を加えるような場合は、いったん分解したうえで、トリムや延長などの編集コマンドを使った修正を行う。

ワンポイント ＊7

「ブロック挿入」ウインドウで「分解」にチェックを入れた場合は、ブロックが挿入された後、ブロック解除される。すなわちブロック図形は、2本の線分と1つの円、1つの文字に分解される。

ワンポイント ＊8

BLOCK は図面内に複合図形を定義するコマンドである。それに対し、WBLOCK はファイルとして複合図形を書き出すコマンドである。「ブロック書き出し」ウインドウが開かれたら挿入基点を指示し、オブジェクト（図形）を選択し、ファイル名を記せば、ファイルとして書き出される。ファイルの拡張子は、一般の図面ファイルと同じ dwg である。ファイルとして書き出された複合図形も INSERT を使って挿入することができる。「ブロック挿入」ウインドウが開かれたら「参照」ボタンを押してファイルを選択する。

3 複合図形の配置

BLOCK、WBLOCK、INSERT を使えば、よく使う図形群を「部品」として図面内に登録し、あるいは外部のファイルとして保存し、必要な時に引き出して図面内に貼り付けることができるようになる。

付録ファイル「kagu.dwg」は、エレベータやトイレ、キッチン、ベッド、テーブル、椅子、自動車などの図形を、複合図形としてまとめたものである。

1 階平面図に図 5-3 のようにエレベータ、トイレ、洗面台を配置しよう。

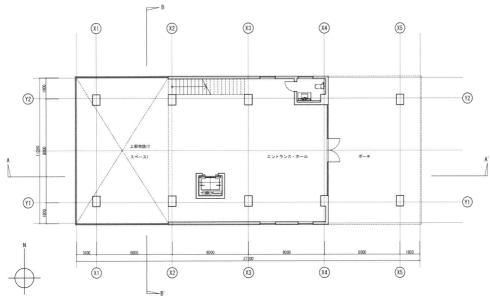

図 5-3　1 階平面図にエレベータとトイレを追記する（付録ファイル：study_1_drawings.pdf）

(1) 図面ファイルの準備

「study_1.dwg」を開き、「study_1_kagu.dwg」などと別名で保存しよう。

以降の作業は、この別名で保存した図面の上で行う。

あわせて、「kagu.dwg」も開いておく。

(2) 部品の複合図形を選択する

X2 通りと X3 通りの中央にエレベータを、X4 通りと Y2 通りの交差点付近にトイレを設置する。エレベータ・シャフトやトイレ外周の壁厚は 200mm とする。

作図領域上部の図面タブで kagu をクリックし、「kagu.dwg」を開く。6 人乗りのエレベータ、トイレ、洗面台という 3 つの複合図形をクリックして選択する。

(3) 選択した複合図形をコピーする

選択できたら Ctrl + C で選択図形をクリップボードにコピーする。

(4) コピーした複合図形を貼り付ける

図面タブで「study_1_kagu」を開く。

クリップボードに一時コピーされた図形を、Ctrl + V で 1 階平面図の余白の部分にペースト（貼り付け）する。ペーストされる図形のレイヤは、その時点での現在レイヤとなることに注意する。

(5) 複合図形を大まかな位置に移動する

エレベータ、トイレ、洗面台という 3 つの複合図形を MOVE で平面上の大まかな位置に移動する。必要に応じて ROTATE で回転する。

これらの複合図形は分解しないこと。

(6) オブジェクト・スナップで正確に配置する

複合図形を、オブジェクト・スナップを使い、正確な位置に移動する。

(7) 複合図形の周囲を描く

複合図形の周囲に壁やドアを描く。

あらかじめ現在レイヤを HOJO にセットし、補助線を描く。

その後、現在レイヤを KABE にセットし、壁の輪郭線をなぞってゆく。

既存の柱・壁などとの取り合い部分は FILLET 、 TRIM 、 EXTEND などを使って一体化する。

(8) 図面を保存する

作図が完了したら、補助線を削除し、図面を「上書き保存」しよう。

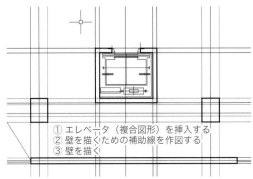

① エレベータ（複合図形）を挿入する
② 壁を描くための補助線を作図する
③ 壁を描く

図 5-4　エレベータを挿入し、周囲の壁を描く

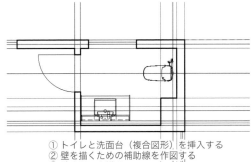

① トイレと洗面台（複合図形）を挿入する
② 壁を描くための補助線を作図する
③ 壁やドアを描く

図 5-5　トイレと洗面台を挿入し、周囲の壁を描く

4　本章で導入した AutoCAD コマンド

コマンド名	機能・目的
BLOCK	複合図形の作成
WBLOCK	複合図形のファイル書き出し
INSERT	複合図形の挿入
EXPLODE	複合図形の分解

コマンドのカスタマイズ

ここまでの作業では、主に2つの方法でコマンドを起動してきた。

1つは、上部のリボンに並んだコマンド・アイコン（絵文字）を押すことによってコマンドを起動する方法である[*1]。

もう1つは、コマンドライン・ウインドウにキーボードでコマンドを打ち込む方法である[*2]。

ここでは、コマンドを起動するもう1つの方法を紹介し、複雑な作業手順を効率的に進めるためのカスタマイズの仕方を解説する。

1 カスタム・コマンドの作成

① Lisp 言語によるコマンドの入力

コマンド・ラインに以下のように入力してみよう[*3]。

> (command␣"LINE") ENTER

LINE ENTER と打ち込んだ時と同じように 1 点目を指定： と表示される。

これは Lisp というプログラミング言語で AutoCAD に指示したことを意味している[*4]。Lisp 言語は（ ）を使って構文を記述する。上の例では、「LINE」という名のコマンドを起動せよ、という意味になる。

Chapter 2 で触れたように、全レイヤを表示する LAYON は AutoCAD に標準コマンドとして備わっているが、全レイヤを非表示とする標準コマンドは存在しない。

そこで、Lisp 言語を用いたコマンドを自作してみよう。

まず、全レイヤを非表示にする操作を、通常のコマンドラインへの入力で実行すれば次の通りになる。

(1) 図面ファイルの準備

例として study_1.dwg を開こう。現在レイヤは KABE にセットしておく。

(2) コマンドラインで画層プロパティを管理する

LAYER ENTER とすれば、「画層プロパティ管理」のウインドウが開く。

先頭に"-"（ハイフン）を付けてコマンドを起動すると、コマンドラインで画層プロパティ管理を行うことができる。

> LAYER ENTER
> オプションを入力：
> →「… 非表示（OFF）…」を選択する（キーボードで"OFF"と入力する。）
> 非表示にする画層の名前リストを入力：
> →すべて非表示にするために"*"（アスタリスク）を入力する。
> 現在の画層 "KABE" を非表示にしますか？〈N〉：
> →"N"と入力するか、既定値が〈N〉と示されているので、単に ENTER キーを押すかする。
> オプションを入力： → ENTER キーを押して、コマンドを終了する。

以上の操作で、現在レイヤ（ KABE ）以外のすべてのレイヤが非表示（OFF）となる。

次に、一連のコマンド入力を Lisp 言語で入力すると、以下のようになる[*5]。

LAYON ENTER でもう一度すべてのレイヤを表示させてから試してみよう。

ワンポイント *1
グラフィカル・インターフェイスという。

ワンポイント *2
文字を打ち込むことからキャラクター（文字）・インターフェイスという。

ワンポイント *3
"␣"は半角の空白を表す。実際はスペース・キーを押す。

ワンポイント *4
Column「LispとAutoCAD」参照

ワンポイント *5
一連のコマンド入力を空白で区切って記述してゆけばよい。""は ENTER キーを押すことと同じ意味になる。

```
(command␣"-LAYER"␣"OFF"␣"*"␣""␣"") ENTER
```

② Lisp 言語によるコマンドの保存

このように、Lisp 言語を使えば、通常のコマンド入力では複数の操作が必要になる一連の手順を、1 行のコマンドで起動できる。

コマンド・ラインに直接打ち込んで入力してもよいが、長い文章は間違いのもとであるし、毎回入力するのは面倒である。

そこで、Lisp 言語によるコマンド入力を任意の文字列で表すように定義したファイルを作成し、あらかじめ AutoCAD に読み込ませておくようにしよう。

(1) コマンドをテキスト・エディタで記述する

テキスト・エディタ（メモ帳[6]）を開き、Lisp 言語によるコマンドを記述しよう。全てのレイヤを非表示にする一連の操作を、LH というコマンドで起動できるように定義するには、以下のように記述すればよい[7]。

```
(defun␣c:LH␣( )␣(command␣"-LAYER"␣"OFF"␣"*"␣""␣""))
```

(2) テキストファイルを保存する

記述したファイルを、acad_addins フォルダの lsp フォルダの中に、「test.lsp」というファイル名で保存しよう[8]。

これで全レイヤ非表示のためのコマンド LH を使う準備ができた。

③ 保存したカスタム・コマンドの読み込み

次に、AutoCAD 側でカスタム・コマンドを使うためのオプション設定を行う。

(1) コマンドを入力して「オプション」設定ウインドウを開く

```
OPTIONS ENTER
```

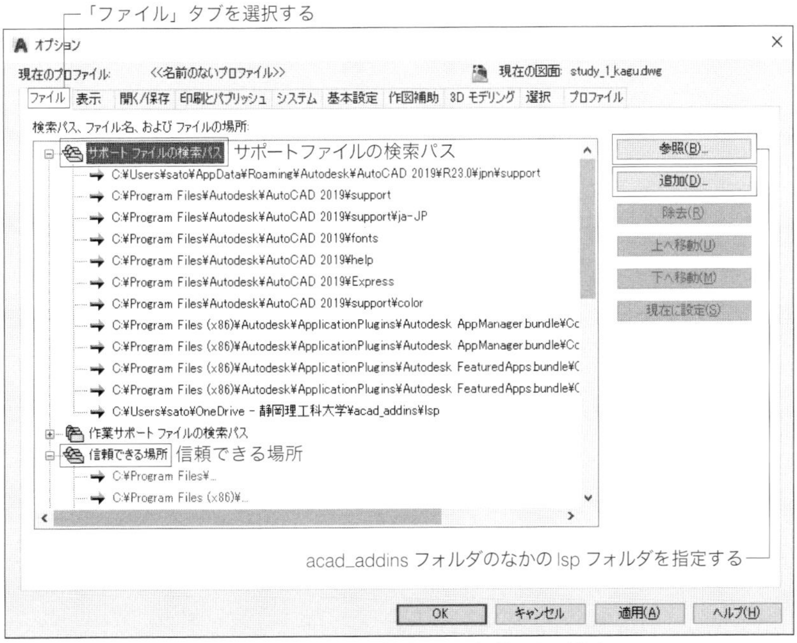

—「ファイル」タブを選択する

acad_addins フォルダのなかの lsp フォルダを指定する—

図 6-1　オプション設定／サポートファイルの検索パス、信頼できる場所

ワンポイント ＊6

メモ帳は Windows のアクセサリの中に含まれている。

ワンポイント ＊7

コンピュータに何らかの仕事をさせる小さなプログラムは関数や手続きと呼ばれる。
defun は関数を定義するという意味の Lisp 関数で、下の例では c:LH という名の関数を定義していることになる。
c: は AutoLISP 特有の記述で、c: 以下の文字列（この場合 LH）が AutoCAD のコマンドとして認識される。

ワンポイント ＊8

Lisp ファイルには拡張子 lsp を付ける慣習になっている。

Chapter
6

コマンドのカスタマイズ

(2) ファイル・タブを設定する

「オプション」設定ウインドウのファイル・タブをクリックする。

「サポートファイルの検索パス」で「追加」ボタンを押し、さらに「参照」ボタンを押して、当該のフォルダ（lsp フォルダ）を選択すればよい。

同様にして、「信頼できる場所」にも acad_addins フォルダのなかの lsp フォルダを追加しておく[*9]。

(3) コマンドを入力する

オプション設定が済んだら、作成した拡張コマンドのファイル「test.lsp」をロードしよう[*10]。

APPLOAD ENTER

(4)「アプリケーションのロード／解除」ウインドウを設定する

「ファイルの場所」（ここでは acad_addins フォルダのなかの lsp フォルダ）を選択し、当該の Lisp ファイル（ここでは「test.lsp」）を選択して「ロード」ボタンを押す。下部の欄に「正常にロードされました」と表示されることを確かめる[*11]。

図 6-2　アプリケーションのロード／ロード解除

④ カスタム・コマンドの使用

正常にロードされれば、「test.lsp」のなかに記述されたコマンド LH を使うことができる。study_1.dwg に戻り、現在レイヤを KABE にセットして試してみよう。

LAYON ENTER　→全レイヤ表示（AutoCAD 標準コマンド）
LH ENTER　→現在レイヤ以外、全レイヤ非表示（カスタム・コマンド）

ワンポイント ＊9

このオプションは一度設定すれば、次回以降 AutoCAD を起動したときにも引き継がれる。

ワンポイント ＊10

ロードとは、プログラムをハードディスクからメモリにコピーして AutoCAD から使えるようにすることである。APPLOAD とは、アプリケーションのロードという意味である。

ワンポイント ＊11

正常にロードされない場合は、プログラムのどこかに誤りがあるので、テキスト・エディタ（メモ帳）に戻って、確認してみよう。

2 カスタム・コマンド集「mytools.lsp」

付録ファイルの「mytools.lsp」には、前節で説明した LH を含む様々なカスタム・コマンドが収録されている。ドアや窓などを効率よく描くコマンドや後段の章で解説する３次元ソリッド図形の編集に使用するカスタム・コマンドなど、作図作業の効率化に役立つコマンドを含んでいる。前節で作成した「test.lsp」と同じように、ファイルを「ロード」しよう[12]。

APPLOAD ENTER で「アプリケーションのロード／解除」ウインドウが開いたら、「ファイルの場所」で acad_addins フォルダのなかの lsp フォルダを開き、ファイル「mytools.lsp」を選択して、「ロード」ボタンを押せばよい[13]。

ドアや窓などの建具を作図するためのカスタム・コマンドについては、**Chapter 7** 以降で説明する。

Lisp プログラミングに習熟すれば、前節で説明した方法を拡張してゆくことで、様々なコマンドを作成することができるようになる。

まずは付録のカスタム・コマンドを活用できるようになろう。

ワンポイント ＊12

「サポートファイルの検索パス」と「信頼できる場所」に関するオプション設定は前節で済んでいる。

ワンポイント ＊13

「スタートアップ登録」の「内容」ボタンを押せば、図面ファイルを開くときに自動的に mytools.lsp をロードするように設定することもできる。

3 本章で導入した AutoCAD コマンド

コマンド名	機能・目的
標準コマンド	
APPLOAD	アプリケーションのロード
カスタム・コマンド	
LA	全レイヤ表示
LH	全レイヤ非表示

Column

Lisp と AutoCAD

AutoCAD を起動すると、Lisp インタープリター（通訳者）というプログラムが自動的に起動し、Lisp 言語を介して人間の命令が、AutoCAD に伝達される。通常はキャラクター・インターフェイスやグラフィック・インターフェイスを使って AutoCAD に指示を与える。しかし、Lisp インタープリターこそが本来、人と機械のあいだを取り持っているプログラムである。そして、コマンドのカスタマイズは Lisp 言語を通じて行うことができる。Lisp インタープリターについては、画面右上の「?」アイコンを押し、ヘルプを表示して、「開発者用ドキュメント」「AutoLISP」を参照すれば、詳細な解説が記載されている。

全レイヤ表示のコマンドは LAYON として標準装備されているが、全レイヤ非表示のコマンドを作ったので、試しに全レイヤ表示のコマンドも自作してみよう。全レイヤ非表示のコマンドを２カ所、修正するだけである。メモ帳で test.lsp を開いたら、以下の行を追加しよう。

`(defun␣c:LA␣( )␣(command␣"-LAYER"␣"ON"␣"*"␣""␣""))`

追加したら「上書き保存」しよう。これで自作のコマンド LA （全レイヤ表示）と LH （全レイヤ非表示）が使えるようになった。再度、「test.lsp」をロードして動作を試してみよう。

ルイス・カーンの設計によるフィッシャー邸を題材に、AutoCAD での平面図の作図を練習しよう。

1　フィッシャー邸について

フィッシャー邸は 1960 年から 4 年掛けて設計された。2 つのキューブが 45° の角度をもって接続し、森の中に佇んでいる。外装は板張りで、石積みの基礎の上に、木箱が載せられたようなイメージである。竣工したのは 1967 年である。

図 7-1、図 7-2 はカーンのオリジナルの平面図をトレースした図である。ただし、寸法はフィート・インチからミリメートルに置き換え、通し芯は壁の外面を押さえるのではなく、構造躯体の中心を押さえる方法に修正している。

平面図で、南側に配置されたキューブは基準線で 7740mm × 7740mm の正方形平面である。1 階・2 階の 2 層に、4 つの寝室と 2 カ所の浴室・洗面室、玄関・玄関ホールが収められている。スリーピング・キューブと名付けられている。

一方、北側のキューブは 8360mm × 6980mm の長方形平面で、45° の角度をもって南側のキューブに接続している。そこは全面的に 2 層吹き抜けの空間で、リビング、ダイニング、キッチンの空間が割り当てられている。スリーピング・キューブに対して、リビング・キューブと呼ばれている。地下へ通じる階段も設けられている。

以下の手順に従って、トレースを開始しよう。あらかじめ付録ファイルの平面図 Fisher_House_drawings.pdf を印刷して、手元に置いておこう。

写真 7-1　フィッシャー邸　（設計：ルイス・カーン／竣工：1967 年）
（出典：Robert McCarter (2005), Louis I. Kahn, Phaidon Press Ltd., London, p.297）

2　1 階平面図外部・内部の基本作図

① テンプレートファイルの準備

ここでは、平面図を A3 用紙に縮尺 1:50 で印刷することを想定する。

ここまで図面の新規作成にはテンプレートファイル「waku_a3_100.dwt」を用いてきたが、印刷時の縮尺が 1/100 ではなく 1/50 となるので、図面枠の大きさ、文字設定、寸法設定に修正が必要になる。

以下の手順で進めよう。

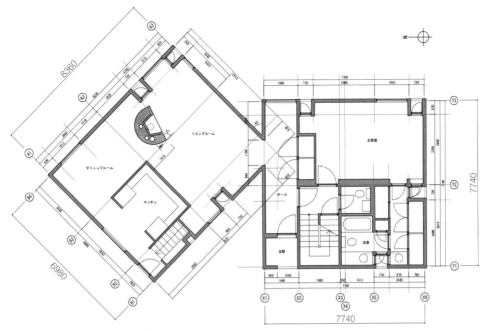

図 7-1　フィッシャー邸　1 階平面図

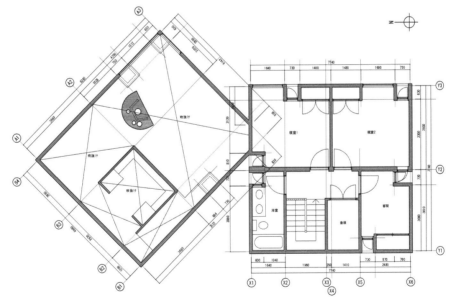

図 7-2　フィッシャー邸　2 階平面図

(1) 図面枠を変更する

図面枠を縮小するには SCALE を使う。

> SCALE ENTER
> オブジェクトを選択： →図面枠を選択する。選択し終えたら右クリックする。
> 基点を指定： →図面枠左下のコーナーを指示する[*1]。
> 尺度を指定 または… ： →"0.5"と数値入力する[*2]。

(2) 文字設定を変更する

ワンポイント *1

"0,0,0"と数値入力してもよい。（図面枠左下のコーナーが絶対座標（0,0,0）である。）

ワンポイント *2

50％に縮小という意味である。

69

STYLE を実行して文字設定ウインドウが現れたら、文字高さを 250mm から 125mm に変更する。125/50 ＝ 2.5 で、1/50 で印刷した時、文字高さ 2.5mm となる。

(3) 寸法設定を変更する

DIMSTYLE を実行して寸法設定ウインドウが現れたら、「修正」ボタンを押し、「シンボルと矢印」タブをクリックし、「矢印のサイズ」300 を 150 に変更する。

(4) 変更したテンプレートファイルを保存する

「waku_a3_50.dwt」という名前でテンプレートを保存しよう。

「名前を付けて保存」「図面テンプレート」の順に選択すればよい。

保存場所はユーザーディレクトリの acad_addins フォルダにしよう。

② 基準線の作図

作成したテンプレートファイル「waku_a3_50.dwt」を使って、図面を新規作成しよう。
作図画面が現れたら、以下の手順で基準線から描いていこう。

(1) 作業レイヤの準備

現在レイヤを KIJUN に設定する。

(2) 南側キューブの基準線となる正方形を描く

南側のキューブの基準線になる 7740mm 角の正方形の基準線を描く。

まず、図面枠の外側の余白部分に LINE で縦・横の 2 本の線分を描く。直交モードは ON にしておく。

2 本描いたらそれぞれ 7740mm オフセット（OFFSET）する。

(3) 正方形の外側に補助線を描く

正方形の 4 周を外側に 1250mm オフセット（OFFSET）した補助線を引く。

現在レイヤを HOJO にセットしてから、レイヤ・オプションを使う。

(4) 補助線で基準線を切り取る

4 本の基準線を補助線で切り取る（TRIM）か、延長する（EXTEND）。

この 4 本の基準線は X1 通り、X6 通り、Y1 通り、Y3 通りの通り芯になる。

(5) 北側キューブの基準線を描く（A3 通り）

まず 45° 回転した A3 通りと B1 通りの基準線を描く。

A3 通りと X1 通りの交差点は X1 通り上で Y3 通りから 1800mm 下がった位置である。Y3 通りを Y1 側（図で下側）に 1800mm オフセット（OFFSET）する。次に、オフセットした線分を X1 通りとオフセットした線分との交点を基点にして ROTATE で 135° 回転する。この線分が A3 通りとなる。

(6) 北側キューブの基準線を描く（B1 通り）

再度、Y3 通りを Y1 側（図で下側）に 1800mm オフセット（OFFSET）する。

オフセットした線分を X1 通りとオフセットした線分との交点を基点にして 225° 回転する。さらにその線分を、MOVE で基点（0,0,0）、移動先（0,－1186,0）として Y 方向に－1186mm 移動する。それが B1 通りになる。

(7) 北側キューブの基準線を描く（A1 通り・B4 通り）

A3 通りを 8360m、B1 通りを 6980mm オフセット（OFFSET）し、A1 通り、B4 通りの基準線を描く。

(8) 補助線を描き基準線の長さを調整する

A1、A3、B1、B4 の 4 本の基準線を外側に 1250mm オフセット（OFFSET）した補助線を作成する。その補助線を使って、基準線を切り取る（TRIM）か、延長（EXTEND）して、それぞれの長さを調整する。

終了したら補助のラインは削除する。

(9) その他の通り芯を作図する

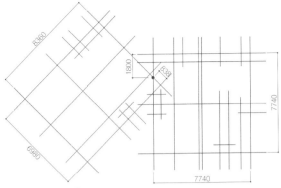

図 7-3　基準線の作図

それ以外の通り芯も、印刷された平面図に記載された寸法に従って、OFFSET で作図しておく。

(10)　基準線を移動し符号を作成する

MOVE で基準線全体を図面枠の内部に移動する。

基準線の作図が終了したら、X1 ～ X6、Y1 ～ Y3、A1 ～ A3、B1 ～ B4 の通り芯符号も作成しておこう。

③ 壁の作図

次に、壁を作図するために GUIDE で補助線を引く。

図 7-4 と表に建物内部[*3] と外周部の基本的な壁厚と通り芯からのオフセットを示した。

ワンポイント ＊3

内部の壁については、2×4スタッドの外側にボード貼りを想定した。

図 7-4　外周壁、内部壁／通り芯からのオフセット

内部の壁	
壁厚	120mm
基準線から壁仕上げの表面までのオフセット	60mm
室内壁（非構造体）	
壁厚	80mm
基準線からのオフセット	40mm
Y2 通りの壁（壁体内にパイプスペースが存在）	
1 階	
壁厚	330mm
基準線からのオフセット	60mm と 270mm
2 階	
壁厚	200mm
基準線からのオフセット	60mm と 140mm
外周部の壁	
基準線から室内側の壁の表面までのオフセット	60mm
基準線から外側の壁の表面までの距離	90mm[*4]

以下の手順で作図しよう。

ワンポイント ＊4

板張りの厚さを考慮した。

Chapter
7

フィッシャー邸　平面図の作図

（1）作業レイヤの準備

現在レイヤを GUIDE にセットする。

（2）補助線を引く

OFFSET で補助線を引いてゆく。

レイヤ・オプションを使用し、オフセットされた図形が現在レイヤ GUIDE になる
ようにする。オフセット間隔については、上記の壁厚に関する記述を参考にする。

（3）壁の輪郭線を描く

基準線を引き終えたら、現在レイヤを KABE にセットし、補助線をなぞって壁の
輪郭線を描いてゆく。必要に応じてレイヤ HOJO で補助線を引いておく。

出入口、窓などの開口部と建具は後から描き加えるので、ここでは開口部は存在
しないものとして壁を描く。

ここまでの作図で**図 7-5** まで描き終えたことになる。

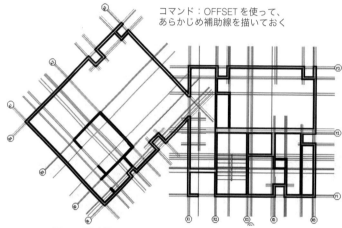

コマンド：OFFSET を使って、
あらかじめ補助線を描いておく

図 7-5　補助線をなぞって、壁の断面線を描く

④ 建具の作図

ドアや窓など建具の作図は煩雑である。縮尺 1/100 での印刷であれば、**Chapter 2** で
作図したような簡略化した描き方で十分であると考えられるが、縮尺 1/50 での縮尺で
は建具枠や框の断面も表現される必要があるだろう。

ここでは独自のカスタム・コマンドを使った方法を紹介する。

（1）カスタム・コマンドのファイルをロードする

APPLOAD で「mytools.lsp」をロードする（**Chapter 6** 参照）。

コマンドと建具の一覧は以下の表のとおり[5]（**図 7-6**）。

建具作図コマンド一覧	
DOOR	片開きドア（フラッシュ戸）を描く
DOORK	片開きドア（框戸）を描く
DOORW	両開きドア（フラッシュ戸）を描く
DOORWK	両開きドア（框戸）を描く
HIKIDO	引き違い戸（フラッシュ戸）を描く
HIKIDOK	引き違い戸（框戸）を描く
TUKIDASHI	突き出し窓を描く

ワンポイント ＊5

この他にも折れ戸や 3
連引き戸など様々な建
具作図コマンドが用意
されているが、ここで
使用するのは、DOOR、
DOORW、TUKIDASHI、
HIKIDO である。

（2）扉を作図する

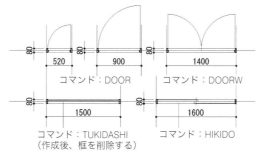

図7-6　カスタム・コマンドを使用して建具を描く

設置する場所の近くの余白部分に、DOORを使って必要な建具を作図する。

いずれのコマンドも開口幅（枠外）と枠見込み寸法を入力する。

ここでは枠見込みは80mmないし120mmとしよう。

枠外開口幅については、印刷した図面をもとにして、適宜入力する。

例えば、図7-6の左端の建具はスリット状に窪んだ部分に設置される扉である。

> DOOR　→開口幅520mm、枠見込み80mm

扉が描かれたら、ROTATEで回転したり、MIRRORで左右反転したりした上で、
MOVEを使って正しい位置にセットしよう。

(3) FIX窓を作図する

FIX窓については専用のコマンドがないので、TUKIDASHIで突き出し窓を作成し、
その後、障子の框を削除し（ERASE）、ガラスと障子の見え掛かりの線分を枠の
位置まで延長する（EXTEND）。

(4) 建具枠の外側をなぞる

建具をセットしたら、建具枠の外側で壁を切断することになるので、現在レイヤ
をKABEにセットして、KABEで建具枠の外側のラインをなぞっておく。

(5) 壁をトリミングする

現在レイヤ以外、全レイヤ非表示とし（LH）、建具が納まる部分の壁をトリムし
ておく（TRIM）。

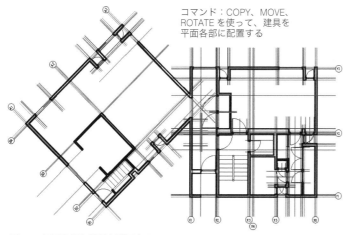

コマンド：COPY、MOVE、
ROTATEを使って、建具を
平面各部に配置する

図7-7　平面各部に建具を配置する

3 座標系の設定

① ワールド座標系とユーザー座標系

● ワールド座標系（WCS）

図面を新規作成すると、図面枠だけが描かれた図が表示される。そして、新しく線分を描けば、メモリにはその線分の始点、終点の座標値（X, Y, Z）が記録される、と同時にディスプレー上には、その線分が表示される。

メモリに記録される始点、終点の座標値は、図面枠の左下の角の点を座標の原点（0,0,0）として記述したものである。図面枠の左下を基点として、画面で横方向がX方向で、縦方向がY方向である。Z方向は画面に垂直に、手前に向かう方向である。この座標系を「ワールド座標系（WCS：World Co-ordinate System）」という。

● ユーザー座標系（UCS）

フィッシャー邸のプランは2つのキューブが45°の角度で衝突して配置されている。通り芯符号の付け方が端的に示すように、X-Y座標系とA-B座標系という2つの系が混在している。

このような場合、「ユーザー座標系（UCS：User Co-ordinate System）」という機能を活用すると便利である。UCSを設定すると、3次元空間内のある面が、一時的にXY平面（Z＝0の平面）として設定される。

② UCS の基本的な設定方法

UCSは通常、コマンドを起動して次の3点をマウスで指示することにより設定する。

    [1] 新しい座標の原点
    [2] 新しいX方向を示す点
    [3] 新しいY方向を示す点

具体的には以下の手順である。

> UCS ENTER
> 原点を指定 または… 〈ワールド〉：
> 　→マウス・カーソルで新しい原点を指定する[6]。
> X軸上の点を指定 または… ：
> 　→マウス・カーソルで新しいX軸上の点を指定する。
> XY平面上の点を指定 または… ：
> 　→「XY平面上の点」と表示されるが、XY平面上でY方向を決めるための点
> 　　と考えればよい。マウス・カーソルで新しいY方向を示す点を指定する。

画面左下のUCSアイコンは、画面上のX方向、Y方向の向きを示すアイコンである。UCSが設定されるとUCSアイコンのX方向、Y方向の向きがUCSに合わせて変化する[7]。

③ UCS から WCS への切り替え

UCSをWCSに戻す手順は以下の通りである。

> UCS ENTER
> 原点を指定 または… 〈ワールド〉：　→ ENTER キーを押すと、WCSに戻る。

ワンポイント ＊6

マウスをクリックしないで、ENTER キーを押した場合は、ワールド座標系に戻る。

ワンポイント ＊7

ここでの操作は2次元のXY平面上で行ったものなので、UCSが新たに設定されたといっても、座標の原点がXY平面上の別の点に移動したということと、X軸の向きが回転したというだけである。しかし、この操作は3次元空間内のあらゆる面に関して可能であることを覚えておこう。

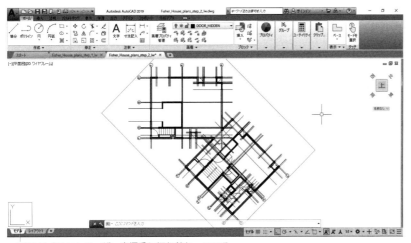

UCS アイコン：ユーザー座標系に切り替わっている
コマンド：PLAN を使えば、平面がユーザー座標系にあわせて表示される

図 7-8　一時的に座標系を変換して作図する

④ オブジェクトに合わせた UCS の設定

UCS は、既に描かれた図形（オブジェクト）に合わせて設定することもできる。
以下の手順で、B1 通りに UCS を設定し、それに合わせて図面を水平表示させよう。

（1）UCS を設定する

UCS ENTER
原点を指定 または… オブジェクト（OB）…〈ワールド〉：
→コマンド・オプション "OB" と入力する[*8]。
UCS を位置合わせするオブジェクトを選択：
→カーソルが選択ボックスに変わるので、B1 通りの基準線を
選択する。

（2）UCS に合わせて水平表示させる

UCS に合わせて図面を水平表示させるコマンドは PLAN である。

PLAN ENTER
オプションを入力［…]〈現在の UCS〉：
→既定値は「現在の UCS」であるので、単に ENTER キーを押す。

図面全体が回転し、B 軸が水平になって表示される（**図 7-8**）[*9]。

ワンポイント ＊8

オプション・リストに
は載っていないが、"E"
と入力しても可能であ
る。「Entity（実在、実体、
モノ）」の頭文字であり、
AutoCAD は図形（オブ
ジェクト）のことを、当
初、エンティティと呼
んでいた。

ワンポイント ＊9

WCS での水平表示に戻す手順は以
下の通りである。

UCS ENTER
原点を指定 または…〈ワールド〉：
→ ENTER キーを押して、ワールド
座標系に戻る。
PLAN ENTER
オプションを入力［…]〈現在の UCS〉：
→既定値は「現在の UCS」である
ので、単に ENTER キーを押す。

4　各部位の仕上げ

外部・内部の建具を記入し終えたら、暖炉、階段、トイレ、浴槽、キッチンなどを作
図しよう。

① 暖炉の作図

暖炉は、余白の部分に**図 7-9** のように描いておいて、MOVE や ROTATE などでコピー
を正規の位置に配置する（**図 7-10**）。暖炉の壁は一般の壁と区別しておいた方がよい
ので、レイヤは HASIRA を使う。

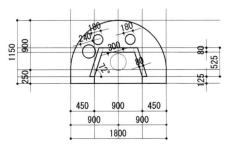

図 7-9　余白の部分に、あらかじめ暖炉の平面図を描いておく

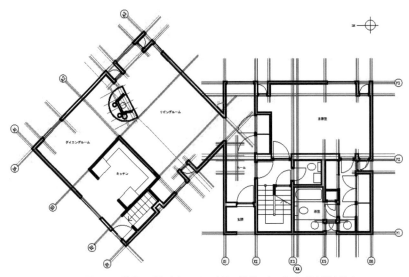

図 7-10　階段、暖炉やキッチン家具、浴槽、トイレなどを描き込む

② トイレの作図

3 カ所あるトイレは、あらかじめ複合図形として用意しておくとよい。

レイヤは KAGU （青）を使う。

楕円を描くコマンドは、ELLIPSE である。

長軸、短軸、長短軸上の頂点を入力するので、あらかじめ補助線を描いておく。

> ELLIPSE ENTER
> 楕円の軸の 1 点目を指定 または… :　→軸の端点を指定する。
> 楕円の軸の 2 点目を指定 または… :　→軸のもう一方の端点を指定する。
> もう一方の軸の距離を指定 または… :　→もう一方の軸の端点を指定する。

③ 階段の作図

階段は、手すりを追記する、途中で斜めに切断して上部を破線（ HIDDEN1 ）に変更する、階段の記号・矢印を追記する、などして仕上げる。

ここまでの作業で、概ね図としては完成に近づく。

あとは文字と寸法を記入すればよい。

寸法を記入するために、補助線を引く。

縮尺 1/50 で印刷するので、補助線の間隔は 250mm でオフセットしている（図 7-11）。

① 壁のハッチング

文字、寸法を記入し終えたら、壁を強調するために、以下の手順で壁の中をグレーで塗りつぶそう[10]。

(1) ハッチング用のレイヤを作成する

まず、ハッチング用のレイヤ HATCH_GREY を準備しよう。

LAYER で画層プロパティ管理のウインドウが現れたら、新規作成ボタンを押す。レイヤ名「HATCH_GREY」、色「253」（グレー、インデックスカラー 253 番）、線種「continuous」（既定値のまま）でレイヤを新規作成する。

(2) 図面を上書き保存する

塗りつぶしの境界は壁の輪郭線であるが、正確に作図されていないとハッチングできない。

ハッチング境界の検出に失敗すると、AutoCAD がフリーズしてしまうこともあるので、この作業の前に「上書き保存」しよう[11]。

(3) レイヤ表示を変更する

現在レイヤを KABE にセットし、KABE 以外のレイヤを LH ですべて非表示にする。

(4) ハッチング用のレイヤに切り替える

現在レイヤを HATCH_GREY にセットする。

(5) コマンドを入力する

ハッチングは HATCH で実行できる。

> HATCH ENTER

(6) ハッチングのパターンを選択する

上部のリボンがハッチング設定画面に変わったら、「パターン」から「SOLID」を選択する[12]。

(7) ハッチングの方法を選択する

リボン左端の「点をクリック」を選択する[13]。

(8) ハッチングを行う

ハッチングする部分をマウスの中ボタンで拡大して、壁の中でクリックすれば、壁の線で囲まれた領域が塗りつぶされる。

コマンドは連続しているので、次々に壁の中をクリックしてゆけばよい。

(9) コマンドを終了する

ハッチングし終えたら、ESC キーか ENTER キーを押して、コマンドを終了する。

② レイヤの表示順序の変更

LAYON か LA で全レイヤ表示に戻してみよう。

塗りつぶしたグレーのハッチの下の基準線が隠れてしまっているので、以下の手順で図形の表示順序を変更し、図面を再作図させよう。

(1) レイヤ表示を変更する

現在レイヤを HATCH_GREY にし、LH で現在レイヤ以外すべて非表示にする。

ワンポイント ＊10

塗りつぶしはソリッド・ハッチングと呼ばれる。

ワンポイント ＊11

失敗の原因の多くは、壁の作図が不正確で、一部の壁が閉じていないような場合に起きる。オブジェクト・スナップが正しく使われていない場合に起きやすい。後の Chapter で解説することになるが、「閉じた領域（REGION）」は重要な概念である。壁の境界線が閉じていない箇所を発見したら FILLET を使って修正しておく。

ワンポイント ＊12

SOLID はソリッド・ハッチ（塗りつぶし）を意味する。通常の斜線や縦線、横線のハッチを行うには、HATCH と入力したあと、上部のリボンでプロパティの最上段の項目を「塗り潰し」から「ユーザー定義」に変更し、「角度」を 45、「ハッチング間隔」を 150 などと入力する。その後で、「点をクリック」ないし「選択」ボタンを押し、図形を選択すればよい。なお、既に描いたハッチングは、PROPERTIES でプロパティ・ウインドウを表示して、ハッチング・パターンなどの項目を修正することができる。

ワンポイント ＊13

「選択」を選択すれば、ウインドウ選択かクロス選択により壁のラインをすべて選択することも可能である。選択された図形群のなかから、閉じた領域が自動的に抽出されてハッチングが施される。壁の境界線（KABE）は多数あるので、この方法のほうが容易である。

(2) レイヤの表示順序を変更する

表示順序を変更するコマンドは DRAWORDER である[14]。

> DRAWORDER ENTER
> オブジェクトを選択 :
> →ハッチング図形をすべて選択する。選択し終わったら右クリックする。
> オブジェクト表示順序のオプションを入力 [… 最前面へ移動 (F) 最背面へ移動 (B)]〈最背面へ移動〉:
> →"B"と入力するか、既定値が最背面へ移動であるので、単に ENTER キーを押す[15]。

(3) 図面を再作図させる

この操作でハッチングを済ませた図形が最背面に移動され、その上に基準線などが表示されるようになる。

ただし、表示順序を変更した後で、AutoCAD に再作図を伝えなければならない。

> REGEN（RE でも可） ENTER

これで図面がリジェネレート（再作図）されるので、LAYON や LA で全レイヤ表示に戻そう（図 7-11）。

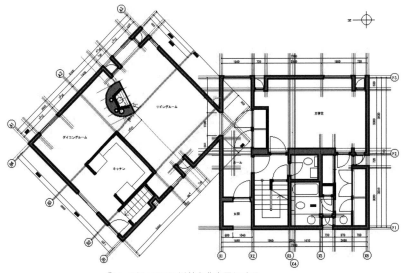

① レイヤ：KABE 以外を非表示にする
② 現在レイヤを HATCH_GREY にセットする
③ コマンド：HATCH でソリッド・ハッチを施す
図 7-11　壁の内部にソリッド・ハッチングを施す

6　2 階平面図の作図

ハッチングが終われば、1 階平面図は図面として完成するので、同様の手順で 2 階平面図も描き起こそう。

完成した 1 階平面図を、一旦すべて X 方向に 25000mm 離れた位置にコピーして、そのコピーを修正することで 2 階平面図を作成すれば、作業が早い。

図形を一式、X 方向に 25m 離れた位置にコピーしたり移動したりする場合、基点（0,0,0）と移動先（0,25000,0）を数値入力すれば可能であるが、やや煩雑である。CPX、CPY、CPZ というカスタム・コマンドを使用して効率化を図るとよい。コピーではなく移動する場合は、MX、MY、MZ を使う[16]。

いずれもオブジェクトを選択した後、移動距離を入力する。一度、移動距離を入力すれば、次回のコマンド起動時にも引き継がれるので、その時も同じ移動距離である場合は、単に ENTER キーを押せばよい。

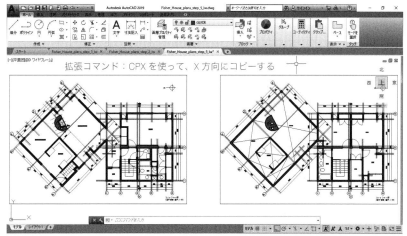

図 7-12　1 階平面図を 25m 離れた位置にコピーする

7　本章で導入した AutoCAD コマンド

コマンド名	機能・目的
標準コマンド	
SCALE	拡大・縮小する
UCS	ユーザー座標系を設定する
PLAN	ユーザー座標系にあわせて画面表示する
ELLIPSE	楕円を描く
HATCH	ハッチングする
DRAWORDER（DR）	表示順序を変更する
REGEN（RE）	再作図する
カスタム・コマンド	
DOOR	片開きドアを描く
DOORW	両開きドアを描く
TUKIDASHI	突き出し窓を描く
HIKIDO	引き違い戸を描く
MX	X 方向への移動
MY	Y 方向への移動
MZ	Z 方向への移動
CPX	X 方向へのコピー
CPY	Y 方向へのコピー
CPZ	Z 方向へのコピー

フィッシャー邸　断面図・配置図の作図

まず矩計図を作成し、そのうえで矩計図と平面図を使って全体の断面図を作成しよう。配置図には地形を表現する等高線を描く。そのために、自由曲線（スプライン曲線）を使用する。

1 矩計図の作図

図8-1はフィッシャー邸のオリジナルの矩計図をAutoCADでトレースしたものである[1]。寸法はフィート・インチからミリメートルに置き換えている。この図に記された階高や天井高さをもとにして、矩計図を作図しよう。

作図の手順は以下の通りである。

(1) 基準線を描く

レイヤを KIJUN に設定して、ここまでに習得してきた操作を参照しながら基準線を作図する。

高さ方向の基準となる寸法は以下の通りとする[2]。

基礎下端～地階床高	350mm
地階階高	2540mm
1階階高	2540mm
2階階高（2階床高～屋根梁天端）	2500mm
屋根梁天端～最高高さ	110mm
地階天井高（地階床高～1階梁下）	2130mm
1階天井高	2290mm
2階天井高	2290mm

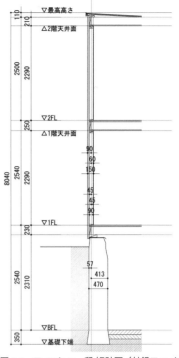

図 8-1　フィッシャー邸 矩計図（付録ファイル：Fisher_House_drawings.pdf）

(2) 構造体や仕上げ面の補助線を描く

レイヤを GUIDE に切り替えて、構造体（スタッドおよび床根太）、室内外の仕上げ面（外壁面、室内の壁面、天井面、床仕上げ面）を描くための補助線を描く。各寸法は下表の通りとする。

スタッド（構造体）	幅90mm（基準線から45mm 両側へオフセット）
壁厚	150mm
壁面	外壁面：基準線から90mm オフセット 室内の壁面：基準線から60mm オフセット
1階床・2階床の床根太の天端レベル	床仕上げレベルから38mm 下がり[3]
地階の土間コンクリート厚	110mm
土間コンクリート下の砕石転圧層厚	110mm
1階天井高	2290mm
2階天井高	2290mm

(3) 構造体を描く

レイヤを ZATU に切り替え、木造の構造体（スタッドおよび床根太）の位置を示す線分を描く。

(4) 室内外の仕上げ面を描く

レイヤ KABE に切り替え、室内外の仕上げ面（外壁面、室内の壁面、天井面、床仕上げ面）の位置を示す線分を描く。

ワンポイント ＊1

矩計図とは外周部の開口部周りも含めた部分断面詳細図のことである。オリジナルの矩計図で基本的な寸法を確認したい場合は、斎藤裕著『Louis I. Kahn Houses ルイス・カーンの全住宅：1940-1974』を参照してほしい。

ワンポイント ＊2

数値はフィート・インチ単位からミリメートル単位に換算したもので、オリジナルの図面との誤差を多少含んでいる。

ワンポイント ＊3

床根太の上部は合板と床仕上げ材の厚さとなる。その合計が38mmである。

(5) 基礎を描く

レイヤ HASIRA に切り替え、地階の石積み（基礎）を描く。各寸法は下表の通り。

基礎の中間部分の幅（厚さ）	470mm
基準線から基礎の外側の面までのオフセット	57mm
基準線から基礎の室内側の面までのオフセット	413mm
斜めの線分	付録ファイルの矩計図を紙に印刷し、三角スケールなどで適宜測って、作図する。

(6) 地階と砕石転圧層を描く

レイヤ HASIRA で地階の土間コンクリート、レイヤ ZATU で砕石転圧層下端の線分を描く。

(7) 建物の細部を描く

スタッドや側根太の断面、屋根の軒先の納まり、基礎天端と1階床根太との取り合い部分などを、印刷した矩計図を適宜測って作図する。

(8) 建物周囲の地盤面を描く

レイヤを HASIRA に切り替えて、1FL－525mm のレベルに、建物周囲の地盤面を作図する。

(9) 建物の地中部分にハッチングを施す

レイヤを HATCH_GREY に切り替えて、地中に埋まる石積みの基礎と土間コンクリート部分にハッチングを施す。

レイヤ HATCH_GREY は DRAWORDER （ DR でも可）で最背面に移動する。

(10) 寸法を記載する

あらかじめ、寸法を記載する位置に補助線を引いておくこと。

2　断面図の作図

図 8-2 は断面図の完成イメージである。

以下の手順で建物全体の断面図を作成しよう。

図 8-2　完成した断面図のスナップショット

(1) 平面図・矩計図を配置する

図 8-2 のように、描く図面の下に平面図を配置し、左側に矩計図を置いて、水平面、鉛直面での基準線をトレースすれば間違いが生じない。平面図は、描き終えたものを 90°回転して配置する。

(2) 基準線を複製して作成する

平面図と矩計図の基準線をコピーして断面図の基準線を作成する。

外周からはみ出す長さは、補助線を適当な位置に引き、基準線を切り取る（ TRIM ）
か、延長（ EXTEND ）して整えておく。

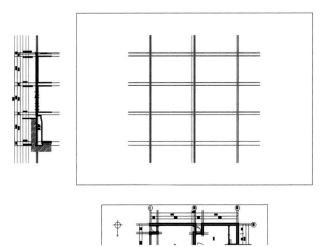

図 8-3　平面図を下に、矩計図を左に配置して、基準線とガイド線を描く

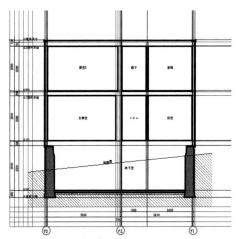

レイヤ：KABE で断面線を描く
レイヤ：MOJI で文字を、レイヤ：SUNPO で寸法を記載する
図 8-4　断面線を描き込み、文字、寸法を追記する

(3) 輪郭線を作図するための補助線を描く

レイヤを GUIDE に切り替える。

基準線をオフセット（ OFFSET ）して、壁やスラブの輪郭線を描くための補助線
を作画する。基準線からのオフセットは外壁の外面までは 90mm、室内側は
60mm、その他室内の壁は中心線から両側に 60mm のオフセットである。

Y2 通りの壁面はパイプを納めるためにふかされている。その部分の壁厚は平面
図で距離を測定する（ DIST ）。

(4) 構造体を描く

レイヤを ZATU に切り替えて、木造の構造体を描く。

スタッドの幅は 90mm（中心線から両側に 45mm オフセットする）。

床根太については矩計図からコピーする。

(5) 室内外の壁の輪郭を描く

レイヤを KABE に切り替えて、室内外の壁の輪郭を描く。

軒先の納まりについては、矩計図からコピーする。

(6) 基礎を描く

組積造の基礎を矩計図からコピーする。図で右側の基礎については、左右反転したものを使う（ MIRROR ）。

(7) 地下部分を描く

地階の土間コンクリート、砕石転圧層のラインを描く。

(8) 地盤面を描く

建物は傾斜地に建っている。地盤面高さは配置図作成の後に修正するが、暫定的に Y3 通りで 1FL－1500mm、Y1 通りで 1FL－750mm として描いておく。

(9) 寸法、室名などを記載する

以上で断面図が完成する。完成した断面図を印刷したものが**図 8-5** である。

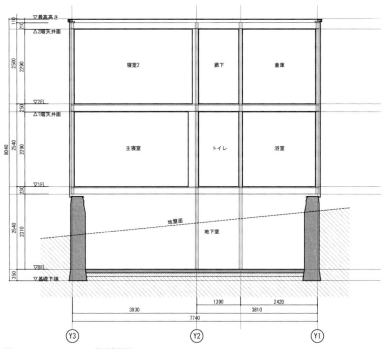

図 8-5　フィッシャー邸 断面図

3 配置図の作成

次に配置図を作成しよう[*4]。ここでは参照する画像ファイルを図面に敷き込んで、その上で等高線をトレースしてみよう。作業手順は以下の通りである。

(1) 画像ファイルを準備する

付録の画像ファイル「Fisher_House_siteplan.jpg」[*5]（**図 8-6**）を図面ファイルと同じフォルダに保存する[*6]。

(2) 図面を新規作成する

テンプレートファイル「waku_a3_100.dwt」を使って図面を新規作成する。

図 8-6　図面に敷き込む画像ファイルを用意する

ワンポイント ＊4

オリジナルの図面を確認したい場合は、前掲書『Louis I. Kahn Houses ルイス・カーンの全住宅：1940-1974』を参照しよう。南側のアクセス道路から北側の小川まで描かれた敷地全体図が掲載されている。

ワンポイント ＊5

画像編集ソフト GIMP などを使って、明るさやコントラストを調整し、全体的に暗い画像にしておくと、敷き込んだ時に作業しやすい。

ワンポイント ＊6

図面ファイルの中では、画像のデータは画像ファイルへのリンクとして記録される。フォルダ構成が変わってしまうと「画像ファイルが見つかりません」などと警告が出される。

(3) 画像用のレイヤを新規作成する

[LAYER] または「画層プロパティ管理」アイコンから、画像を貼付するレイヤを新規作成する。レイヤ名 IMAGE、色 255、線種は実線（既定値）としよう[*7]。

(4) 画像ファイルを貼付する

現在レイヤを [IMAGE] に設定し、画像ファイルを貼り付けよう。
コマンドは [IMAGEATTACH] である[*8]。

> [ATTACH] [ENTER]
> →「参照ファイルを選択」ウインドウが開かれる。「探す場所」（フォルダ）を指定し、該当のファイルを選択する。「イメージをアタッチ」ウインドウが開かれる。オプションは指定しないで「OK」ボタンを押す。
> [挿入点を指定：]
> →十字カーソルで挿入する左下の点を指定する。余白部分の適当な位置を指定すればよい。
> [尺度を指定：]
> →尺度は後から調整するので、十字カーソルを動かして、適当な位置でクリックする。

以上の操作で画像が貼り付けられる。

(5) 画像の尺度を調整する

貼り付けた画像は、尺度が適当なので、画像内のスケールバーを使って、正しい大きさに拡大（縮小）する必要がある。
レイヤを [HOJO] に切り替え、補助線を描いて、スケールバーの両端の長さを計測（[DIST]）しよう（図 8-7）。割り出した拡大率に応じて、画像を拡大する（[SCALE]）[*9]。

コマンド：DIST を使って、スケール・バーの長さを実測し、画像の拡大率を計算する

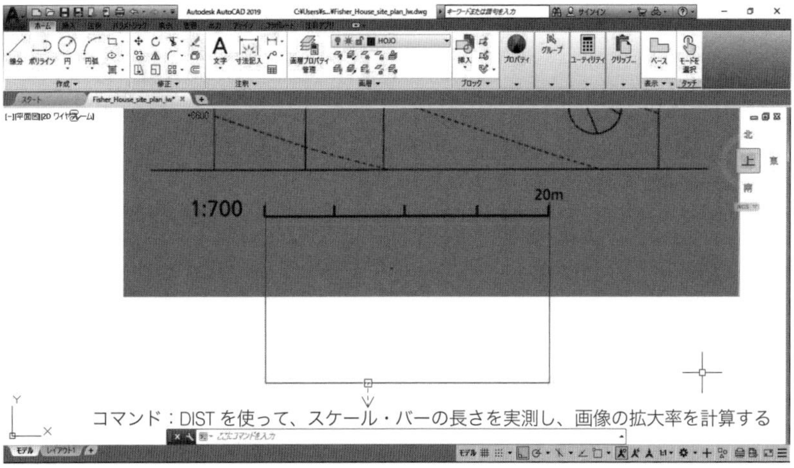

図 8-7　スケール・バーを計測して、画像を拡大・縮小する

(6) 印刷時の縮尺に合わせて図面枠を調整する

図面枠は縮尺 1/100、A3 用紙印刷用のものである。
図面枠を画像の右側の余白部分にコピーし、90° 回転し、2 倍に拡大しよう。
この操作で、縮尺 1/200、A3 用紙印刷用の枠が作成される。
拡大された図面枠を画像がおおむね中心になるように移動しよう（図 8-8）。

(7) 印刷時の縮尺に合わせて文字高さ・寸法設定を調整する

[STYLE] で文字高さ、[DIMSTYLE] で寸法設定の変更を行っておこう。
文字高さは 500、寸法での小黒丸のサイズは 600 と変更する。

ワンポイント ＊7

色はインデックスカラーの色番号 7 を選ばないこと。色番号 7 は印刷時に黒の太線で描かれる。色番号 255 は純粋な白であるが、印刷時も純粋な白として印刷される。

ワンポイント ＊8

単に [ATTACH] でも可。あるいは、上部のリボンのメニューバーで「挿入」をクリックして、「参照」グループのなかの「アタッチ」アイコンを押すことでもコマンドが起動する。

ワンポイント ＊9

図 8-7 の例では、17686 mm であった。本来 20000mm なので、拡大率は以下の通りとなる。
20000/17686 ＝ 1.13083

(8) 図面を保存する

ここまでできたら図面をいったん保存しよう。

ファイル名は「Fisher_House_siteplan.dwg」とする。

敷き込まれた画像ファイル、
レイヤ：IMAGE

A3、1:100 の図面枠

A3、1:200 の図面枠

図 8-8　等高線をトレースする準備が完了する

4　自由曲線の作図

① スプライン曲線の作成

等高線をトレースするために、曲線を描かなければならない。AutoCAD には、スプライン曲線を描くコマンド SPLINE が用意されている。作図領域の余白部分を使って、スプライン曲線を描いてみよう。現在レイヤを MAJIKIRI （黄）に変更して、直交モードは OFF にしておこう。

SPLINE ENTER

1 点目を指定 または ［方法（M）ノット（K）オブジェクト（O）］：
　→"M"と入力し作図方法を選択する[*10]。

スプラインの作成方法を入力 ［フィット（F）制御点（CV）］〈フィット〉
　→"F"と入力するか、既定値が〈フィット〉であるので、ENTER キーを押す。

1 点目を指定 または ［方法（M）ノット（K）オブジェクト（O）］：
　→マウス・カーソルで 1 点目を指定する。ここでは、適当な位置でクリックする。

次の点を入力 または…：　→ 2 点目を指定する。

次の点を入力 または…：　→ 3 点目を指定する。

次の点を入力 または…：　→ 4 点目を指定する。

次の点を入力 または…：　→ 5 点目を指定する。

次の点を入力 または…：　→ ENTER キーを押してコマンドを終了する。

ワンポイント ＊10

オプションを指定せずに 1 点目を指定した場合は、作図方法の既定値は「フィット」、すなわち曲線の通過点を指定してゆくことになる。もう一つの作図方法は「制御点」を指定してゆく方法である。この 2 つは状況に応じて使い分ける必要がある。

② スプライン曲線の編集

作図されたスプライン曲線にカーソルを当ててクリックすると、スプライン曲線が選択され、フィット点（通過点）に青色のグリップが表示される。この状態でグリップした点をクリックすれば、点は赤色表示に変わり、そのフィット点を移動することができる。フィット点を移動すると曲線の形も変化する。

1 点目のフィット点の右下に青色の逆三角マークがあるが、そこをクリックするとグ

リップの位置をフィットか制御点かを選ぶことができる。制御点を移動することによっても曲線の形を変えることができる。

5 等高線の作図と仕上げ

① 等高線の作図

それでは、スプライン曲線を用いて等高線を描こう。手順は以下の通りである。

(1) 図面ファイルを開いてレイヤを準備する

先に保存した配置図用の図面ファイル「Fisher_House_siteplan.dwg」を開いて、等高線のためのレイヤを新規作成しよう。

レイヤ名 CONTOUR、赤（色番号 1）、実線（continuous）に設定する[11]。

(2) 等高線をスプライン曲線でトレースする

現在レイヤを CONTOUR にセットし、直交モードとオブジェクト・スナップは OFF にする。マウスホイールを回して等高線部分を拡大表示する。

準備できたら、画像ファイルに描かれた等高線をスプライン曲線でトレースする。通過点を指定する際は、あまり細かく指定しすぎず、曲線の山と谷、およびその中間点を指示する程度がよい。

ワンポイント ＊11

CONTOUR は画像ファイルを下敷きにして作業するために赤（色番号 1）で定義したが、トレース終了後には緑色（色番号 3）に変更する。

SPLINE ENTER
1 点目を指定 または ［方法（M） ノット（K） オブジェクト（O）］：
 →"M"と入力
スプラインの作成方法を入力 ［フィット（F） 制御点（CV）］〈フィット〉：
 →現在の方法が「フィット」であることを確認し、ENTER キーを押す[12]。
1 点目を指定 または ［方法（M） ノット（K） オブジェクト（O）］：
 →1 点目を指定する。曲線は後で長さを揃えるので、両端を多少長めにする。
次の点を指定 または ［…］： →次の点を指定する。
次の点を指定 または ［…］： →次々に点を指定してゆく。
次の点を指定 または ［…］： →ENTER キーを押して、コマンドを終了する。

ワンポイント ＊12

2 本目以降の曲線を描くときは、この操作と直前の操作（"M"と入力すること）は必要ない。SPLINE ENTER と打ったら、すぐに 1 点目を指定してよい。

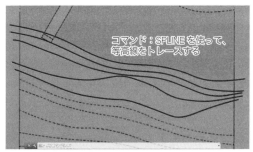

コマンド：SPLINE を使って、等高線をトレースする

図 8-9　スプライン曲線で等高線をなぞる

以上の手順ですべての等高線をトレースする。画像と誤差が大きい曲線については、グリップを表示してフィット点の位置を修正すればよい。

② その他の仕上げ

等高線のトレースが終わったら、敷地境界線、道路境界線、小川に掛けられた橋をトレースしよう。レイヤは、境界線が SITE （黄）、橋が ZATU （緑）である。

図 8-10 は、ここまでの作図を画像ファイルのレイヤを OFF にして表示したものである。

等高線が敷地境界線の外まではみ出た等高線は敷地境界線でトリムしておく（TRIM）。

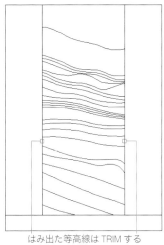

はみ出た等高線は TRIM する

図 8-10　等高線の作図を完了する

6　1 階平面図の配置図への貼付

次に、1 階平面図を複合図形にして配置図に貼り付けておこう。

（1）平面図を開き、レイヤ表示を変更する

完成している 1 階平面図・2 階平面図のファイルを開く。

寸法、文字、ガイド線、通り芯記号など不必要なレイヤを LAYOFF や LF で OFF（非表示）にする[*13]。

（2）1 階平面図を複合図形として書き出す

1 階平面図を WBLOCK で複合図形としてファイルに書き出そう。

「ファイル名とパス」欄の右側のボタンを押せば、ファイル選択ウインドウが開く。

保存先フォルダを選択し、ファイル名は「plan_1f.dwg」としよう。

挿入基点は X1 通りと Y1 通りの交点としよう。

オブジェクトのオプションは「保持」とする。

「オブジェクトを選択」ボタンを押して、必要な図形をクロス選択してゆく。

選択し終えたら右クリックする。

（3）1 階平面図を配置図に挿入する

配置図を開いて、適当な位置に「plan_1f.dwg」を挿入する（INSERT）。

ブロック挿入ウインドウが開いたら、「参照」ボタンを押して「plan_1f.dwg」を選択する。

「分解」はチェックを外しておく（挿入した複合図形は分解しない）。

「OK」ボタンを押して、適当な位置に挿入する。

（4）挿入した平面図の位置を調整する

平面図の向きが 45° 回転しているので、−45° 回転させる（ROTATE）。

複合図形を下図の画像ファイルでの建物位置に移動する（MOVE）。

（5）細部を仕上げる

等高線の高さ方向の間隔は 300mm ピッチである。北東の小川の岸辺のレベルを
±0 として 300mm ピッチでレベルを記載しておく。アプローチの道路面のレベ
ルは小川の岸辺＋約 6600mm の高さである。地階の床レベルは＋3800mm と仮定
すると、1 階床レベルは＋6340mm である。

ワンポイント ＊13

選択した図形が含まれ
るレイヤを非表示にす
るコマンドである。リ
ボンの画層グループの
中の、レイヤ・プルダ
ウンを使って、OFF にす
るレイヤを指定しても
よい。

西側の小さな構造物（倉庫）、道路から玄関までのアプローチ路、方位などを追記すれば、**図** 8-11 のように配置図として完成する。

画像ファイルのレイヤ IMAGE は非表示である。

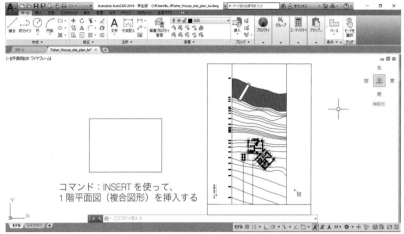

図 8-11　すでに完成している 1 階平面図を配置図に貼り付ける

7　本章で導入した AutoCAD コマンド

コマンド名	機能・目的
標準コマンド	
IMAGEATTACH（ATTACH）	画像ファイルの挿入
SPLINE	スプライン曲線を描く
LAYOFF	選択したオブジェクトのレイヤを非表示（OFF）にする
カスタム・コマンド	
LF	選択したオブジェクトのレイヤを非表示（OFF）にする

Part II

3次元の作図

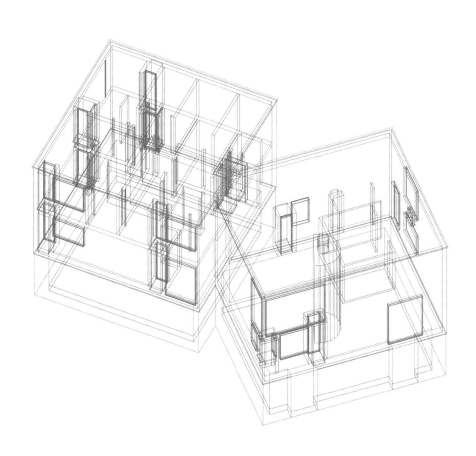

モデリングの基礎

立方体、球、円柱、角錐（ピラミッド）。これらの形態は純粋立体と呼ばれ、古来より建築のデザインの基礎を形作ってきた。それらの幾何学形態は、現在の CAD においても「プリミティブ」（原始的な、根本的な）と呼ばれ、それらの操作が 3 次元モデリングの基礎を形作っている。

ここでは、基礎的な立体の作図を通してモデリングの基礎を習得しよう。さらに、長方形平面の壁体の上部に、単純な切妻屋根の載った「家」の形をモデリングしてみよう。

1 直方体の作図とビューの設定

① 直方体の作図

以下の手順で、図面枠の中央付近に直方体を描いてみよう。

(1) 図面を新規作成する

テンプレートファイルは「waku_a3_100.dwt」とする。

現在レイヤを KABE （白）にセットする。

作図画面は平面図（上面図）のままでよい。

(2) コマンドを入力する

直方体を描くコマンドは BOX である[*1]。

> BOX ENTER
>
> 最初のコーナーを指定 または ［中心 (C)］:
>   →描こうとする直方体の底面の左下の角を指定する。ここでは作図画面の適当な位置でマウスをクリックする。
> 別のコーナーを指定 または ［立方体 (C) 長さ (L)］:
>   →底面の右上の角を指定する。
> 高さを指定 または ［2 点 (2P)］: →"10000"などと数値入力する。

直方体が描かれたら、カーソルを作図領域右上のビュー・キューブにかざしてみよう。ナビゲータの左上に家形のアイコンが現れる。そのアイコンを押せば、画面はアイソメ表示に切り替わる。

緑色の図面枠は XY 平面を表している。

中央部に描かれた直方体は底面が XY 平面上で、高さ 10000mm である[*2]。

画面左下の UCS アイコンには X 方向、Y 方向、Z 方向が示される。

② ワークスペースの切り替え

3 次元モデリングを行うにあたって、「ワークスペース」と「ビューポート」の使い方に慣れておこう。

作図領域右下には様々なアイコンが並んでいる。

右から 5 番目の歯車アイコンが「ワークスペース」を切り替えるアイコンである[*3]。ワークスペース切り替えのアイコンを押してみよう。

「製図と注釈」にチェックが入っている。「製図と注釈」とは平面図、断面図など 2 次元の製図という意味である。「注釈」とは文字と寸法の記入のことである。

これを「3D モデリング」に切り替えてみよう。上部のリボンにはモデリング用のコマンド・アイコンが並ぶようになる。

ワンポイント ＊1

BOX はリボンの左端の「直方体」アイコンを押すことでも起動する。

ワンポイント ＊2

PROPERTIES でプロパティ・ウインドウを表示して、直方体オブジェクトのプロパティを調べよう。図形名「3D ソリッド」、レイヤ名「KABE」などと記されている。日本語で 3D ソリッドと訳されているが、3DSOLID が本来の図形名（オブジェクト・タイプ）である。

ワンポイント ＊3

上部のコマンド・パネル（リボン）が 2 次元作図用であるか 3 次元作図用であるかの違いを示しているにすぎない。コマンドをキーボードから打ち込む限り、2 次元作図用と 3 次元作図用という違いはない。

③ ビューポートの設定

● ビューの分割

作図領域左上には［−］［カスタムビュー］［2D ワイヤフレーム］という表示がある。
この中で［−］をクリックしてみよう。

メニューから「ビューポート設定一覧」を選び、さらに「4 分割：等分」を選択し
よう。画面が 4 分割され、それぞれに立方体のアイソメ図が表示される。

● ビューのアクティブ／非アクティブ

4 分割されたビューのうち右下のビューが青く縁どられている。これはそのビュー
が現在アクティブであるということを示している。

他の 3 つのビューはアクティブではない。アクティブではないとは、その画面で編
集できないという意味である。

アクティブではないビューをアクティブにするには、そのビューの画面上でマウス
をクリックすればよい。

● ビューの切り替え

4 分割された左上のビューを平面図表示にしよう。

左上のビューがアクティブになったなら、ビュー・キューブで「上」マークを押せ
ば平面図（上面図）表示になる。

同様の操作で、下の 2 面を立面図にしよう。

このように画面を 4 分割し、平面図（上面図）、立面図（正面図および側面図）、ア
イソメ図を同時に表示しておけば、立体が把握しやすい。

しかし、それぞれの画面が小さくなり、作業がやりにくくなることもある。

元に戻す場合は、アクティブなビューで作図領域左上の［＋］を押し、「ビューポ
ート設定一覧」から「単一」を選べばよい。

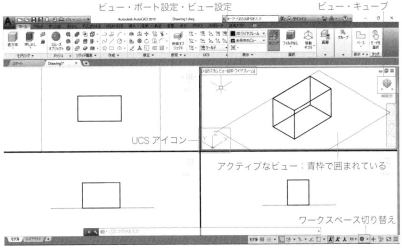

図 9-1　ビューポートの分割

2　球の作図と図形の編集

① 球の作図

直方体を描いた図面上に、半径 5000mm の球を作図してみよう。

（1）コマンドを入力する

現在レイヤを MAJIKIRI （黄）にセットし、オブジェクト・スナップを ON（有効）
に設定しよう。

ビュー・キューブのホーム・ボタンを押してアイソメ表示にしよう。

球を描くコマンドは SPHERE である。

> SPHERE ENTER
> 中心点を指定 または…： →直方体の右下の角を指定する。
> 半径を指定 または…： →"5000"などと数値入力する。

(2) 曲面の分割表示数を設定する

球は 5 本のリング状の曲線で描かれる。

球に見えないので、曲面の分割表示数を設定する（ ISOLINES ）。

変更後には、図面を再作図しなければならないことに注意しよう。

> ISOLINES ENTER
> ISOLINES の新しい値を入力 〈4〉：
> →既定値は 4 であるので、"24"などと入力する。
> REGEN ENTER

これで球らしく見えるようになった。

ビュー・キューブの「上」、「前」や「左」を押して上面図、正面図、左側面図を見て
みよう。

見終わったら、アイソメ表示に戻そう。

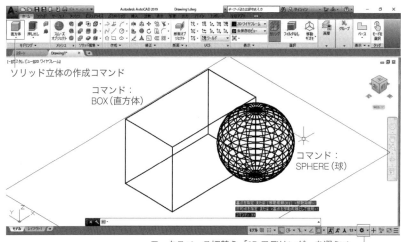

ソリッド立体の作成コマンド

コマンド：
BOX（直方体）

コマンド：
SPHERE（球）

ワークスペース切替え「3D モデリング」を選ぶ←

図 9-2　直方体と球を作成する

② Z 座標の移動

球の中心は、いま XY 平面上にある。つまり Z 座標は 0 である。

球を Z 方向に＋3000mm 移動してみよう[4]。

> MOVE ENTER
> オブジェクトを選択： →球を選択し、右クリックする。
> 基点を指定： → 0,0,0 と数値入力する。
> 目的点を指定： → 0,0,3000 と数値入力する。

ワンポイント ＊4

mytools.lsp をロードし
てあれば、 MZ で Z 方向
への移動が簡単に行え
る。移動する図形を選
択し、Z 方向への移動
距離を数値入力すれば
よい。次回も同じ距離
だけ移動する場合は、
数 値 入 力 の 場 面 で
ENTER キーを押せばよ
い。移動ではなくコピ
ーする場合は、 CPZ を
使えばよい。

③ 図形の合体

いま作図領域には直方体と球の2つのオブジェクトが描かれている[*5]。
この直方体と球を合体させて1つのオブジェクトにしよう。

> [UNION] [ENTER]
> [オブジェクトを選択：]
> > →直方体と球を選択し、右クリックする。ウインドウ選択またはクロス選
> > 択してもよい。

ビュー・キューブを操作して、合体したオブジェクトを、上面図、側面図として見て
みよう。
以降の作業で図形の差し引きや共通部分の抜き出しを試してみるので、合体した直方
体と球を、元の状態に戻しておく。やり直しのコマンドは[U][*6]である。

> [U] [ENTER]

④ 図形の差し引き

今度は、直方体から球を差し引いてみよう。
コマンドは[SUBTRACT]である。

> [SUBTRACT] [ENTER]
> [そこから差し引くソリッド、サーフェス、またはリージョンを選択：]
> > →直方体を選択し、右クリックする。
> [差し引くソリッド、サーフェス、またはリージョンを選択：]
> > →球を選択し、右クリックする。

選択する順序を逆にすれば、球から直方体を差し引くこともできる。
直方体と球を[U]で元の状態に戻そう。

⑤ 図形の共通部分の抜き出し

次に、直方体と球の共通部分を抜き出そう。コマンドは[INTERSECT]である。

> [INTERSECT] [ENTER]
> [オブジェクトを選択：]　→直方体と球を選択し、右クリックする。

直方体と球を[U]で元の状態に戻そう。

以上の3つの操作、[UNION]、[SUBTRACT]、[INTERSECT]は、図形どうしの足し算、
引き算、掛け算に相当する[*7]。

⑥ 図形の切断

もう一度、[SUBTRACT]で直方体から球を差し引いておこう（**図9-3**）。
この立体を、直方体の底面の2点と球の頂点の計3点で決定される平面で切断してみ
よう。

ワンポイント ＊5

[LIST]または[PROPERTIES]
でプロパティを調べれ
ば、図形名はいずれも
3DSOLIDである。

ワンポイント ＊6

UNDOの略

ワンポイント ＊7

集合論における和・差・
積に相当することから
ブーリアン演算とよば
れる（ブールは19世紀
の数学者である）。ソ
リッド図形の編集では、
このブーリアン演算が
最も基本となる操作と
なる。

Chapter
9
モデリングの基礎

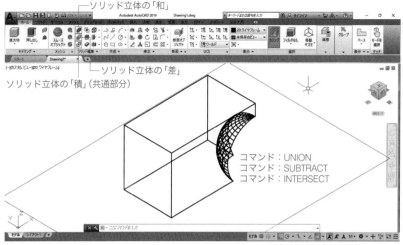

図 9-3　直方体から球を差し引く

(1) コマンドを入力する

図形の切断を実行するコマンドは SLICE である。

途中、切断面を決定する 3 点を入力する[*8]。

端点を拾えるように、オブジェクト・スナップは ON にしておく。

> SLICE ENTER
>
> 切断するオブジェクトを選択：
> 　→立体を選択する。選択し終えたら、右クリックする（選択終了という意味）。
>
> 切断平面の始点を指定 または [⋯3 点（3）]〈3 点〉：
> 　→"3" と入力するか、既定値が〈3 点〉であるので ENTER キーを押す。
>
> 平面上の 1 番目の点を指定：　→切断面の 1 点目を指定する。
>
> 平面上の 2 番目の点を指定：　→切断面の 2 点目を指定する。
>
> 平面上の 3 番目の点を指定：　→切断面の 3 点目を指定する。
>
> 片側の点を指定 または [両側（B）]：
> 　→"B"（切断後に両方の図形を残す）と入力する。

(2) 切断した片方の図形を削除する

片方の図形は ERASE で削除する（図 9-4）。

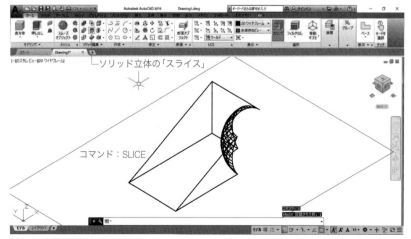

図 9-4　立体を面でスライスする

最後に、円柱と円錐の作図についても試してみよう。

① 円柱の作図

> CYLINDER ENTER
> 底面の中心点を指定 または [3 点 (3P) /2 点 (2P) /接、接、半 (T) /楕円形 (E)]:
> →マウス・カーソルで底面の中心を指定する。
> 底面の半径を指定 または [直径 (D)]:
> →半径を数値入力するか、マウス・カーソルで円の通過点を指定する。
> 高さを指定 または [2 点 (2P) /軸の端点 (A)]:
> →高さを数値入力する。

② 円錐の作図

> CONE ENTER
> 底面の中心点を指定 または [3 点 (3P) /2 点 (2P) /接、接、半 (T) /楕円形 (E)]:
> →マウス・カーソルで底面の中心を指定する。
> 底面の半径を指定 または [直径 (D)]:
> →半径を数値入力するか、マウス・カーソルで円の通過点を指定する。
> 高さを指定 または [2 点 (2P) /軸の端点 (A) /上面半径 (T)]:
> →高さを数値入力する[9]。

ワンポイント ＊9

あるいは "T" と入力して上面の半径を入力することで円錐台を描くこともできる。その場合は、上面の半径を入力した後で、高さを入力する。

Chapter
9
モデリングの基礎

4 リージョンを用いたモデリング

① 例題のモデル

簡単な例題として、底面 5m×10m、高さ 3m のボックスの上に 45° の勾配屋根が載せられた住宅のモデリングを行おう。図 9-5 は、その平面図と断面図である。

軒の張り出しは通り芯から 1m とする。壁厚は 200mm、屋根の厚みは 300mm とする。断面図は平面図の真上に描いておく。

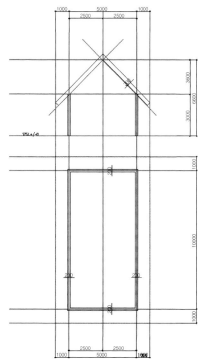

付録ファイル：
solid_modeling_test.pc

2 次元の平面図・断面図を作図する

図 9-5 「家型」の平面図と断面図

② 壁体のモデリング：リージョンの作成

ソリッド図形は直方体などのプリミティブ図形を組み合わせて作成することができる。しかし、実際のモデリングで多用されるのは、線分の集合を選択して、図形名REGION（リージョン）という２次元ソリッドを作成し、それを立ち上げてソリッド立体を得るという方法である[10]。

図 9-5 における平面図の壁は線分（ KABE ）で描かれている。４本の線分が１つの長方形をなしている。図には、外部との境界を示す長方形（閉じた線分群）と、室内の境界を示す長方形（閉じた線分群）とが存在する。

これら２つの長方形をリージョンに変換しよう。リージョンを作成するコマンドは REGION である。

> REGION ENTER
> オブジェクトを選択：
> →８本の線分をウインドウ選択で一括して選択する。選択し終えたら、右クリックする。

「２個のループが抽出されました。２個のリージョンが作成されました。」と表記され、リージョンが作成される[11]。

③ 壁体のモデリング：リージョンの差し引き

いま平面図には２つのリージョンが作成されている。

壁体は外側の稜線と内側の稜線の間の空間で、内側の稜線のさらに内側は室内空間である。外側の長方形（リージョン）から内側の長方形（リージョン）を差し引こう。リージョンに対しても UNION 、 SUBTRACT 、 INTERSECT などの操作が可能である。

> SUBTRACT ENTER
> そこから差し引くソリッド、サーフェス、またはリージョンを選択：
> →外側の長方形（リージョン）を選択し、右クリックする。
> 差し引くソリッド、サーフェス、またはリージョンを選択：
> →内側の長方形（リージョン）を選択し、右クリックする。

この操作で外側の長方形から内側の長方形が差し引かれた。

④ 壁体のモデリング：リージョンの押し出し

ビュー・キューブのホーム・ボタンを押してアイソメ表示にしよう。
リージョンを押し出すコマンドは EXTRUDE である。
軒高 3m であるから 3000mm 押し出してみよう。

> EXTRUDE ENTER
> 押し出すオブジェクトを選択 または ［モード（MO）］：
> →リージョンを選択し、右クリックする。
> 押し出しの高さを指定 または ［…］： →"3000" と数値入力する。

この操作でリージョンが押し出されて壁体が作成される。
いったん元に戻しておこう（ U ）。

⑤ 壁体のモデリング：リージョンの複製・押し出し

リージョンを押し出してソリッドを作成すると、元のリージョンは削除されてしまう。

ワンポイント ＊10

REGION は領域という意味である。自己交差していない、閉じた２次元ポリラインを表す図形タイプであり、ほとんど「面」と同義である。円や楕円、閉じたポリラインなどは、元々閉じた図形であるので、それらもリージョンに変換することができる。

ワンポイント ＊11

PROPERTIES を起動してプロパティ・ウインドウを出そう。いま作成した図形のプロパティを調べると、図形名「リージョン」、画層「KABE」である。

元のリージョンを残すためには、元のリージョンの複製を作成し、その複製を押し出せばよいが、そのためには、

[1] 基点 0,0,0 から移動先 0,0,0 にコピーする

[2] 同じ図形が重なるので、複製のレイヤを変える

というやや面倒な手順が必要になる。

そこで、オブジェクトの複製を生成し、さらにそのレイヤを現在レイヤに変更するカスタム・コマンド DUPC を活用しながらリージョンの押し出しを行ってみよう。

(1) 現在レイヤを変更する

現在レイヤを HOJO に変える。

(2) リージョンを複製して、複製したオブジェクトのレイヤを変更する

次の操作で、リージョンの複製がレイヤ HOJO で作成される。

> DUPC ENTER
> オブジェクトを選択：
> →オブジェクト（この場合はリージョン）を選択し、選択し終えたら、右
> クリックする。

(3) 複製したリージョンを押し出す

複製したオブジェクトを EXTRUDE で 3000mm の高さまで押し出そう。

(4) 新規作成したレイヤに変更する

現在レイヤは HOJO なので、押し出された壁体のレイヤも HOJO である。

ソリッドの壁体のためのレイヤを新規作成しよう。

レイヤ名「S_WALL」、色は水色（色番号 4）としよう[12]。

立ち上がった壁体オブジェクトのレイヤを S_WALL に変更しよう（図 9-6）。

ワンポイント ＊12

今後、ソリッド図形のためのレイヤ名には"S_"または"SOL_"を付けることにする。

Chapter 9 モデリングの基礎

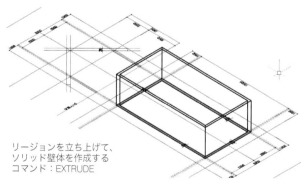

リージョンを立ち上げて、
ソリッド壁体を作成する
コマンド：EXTRUDE

図 9-6　平面図から、壁を立ち上げる

⑥ 屋根のモデリング：リージョンの作成

次に屋根を立ち上げよう。

ビュー・キューブで「上」ボタンを押し、平面図表示に戻そう

断面図には屋根の断面が描かれている。

閉じた領域を形成している 6 本の線分をリージョンに変換しよう。

> REGION ENTER
> オブジェクトを選択：
> →6 本の線分をウインドウ選択で一括して選択する。選択し終えたら、右
> クリックする。

「1個のループが抽出されました。1個のリージョンが作成されました。」と表記され、リージョンが作成される[13]。

ワンポイント ＊13
リージョンを分解して線分に戻すには、EXPLODE を使う。

⑦ 屋根のモデリング：リージョンの複製・押し出し

リージョンが作成されたら、現在レイヤを HOJO にセットし、拡張コマンド DUPC で複製を作成する。複製が作成されたら、画面をアイソメ表示に戻し、リージョンを押し出そう。押し出しの高さは 20m としよう。

> EXTRUDE ENTER
> 押し出すオブジェクトを選択 または ［モード（MO）］：
> 　→リージョンを選択し、右クリックする。
> 押し出しの高さを指定 または ［…］： →"20000" と数値入力する。

この操作でリージョンが押し出されてソリッドな切妻屋根が作成される（**図 9-7**）。

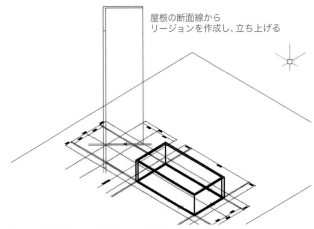

屋根の断面線から
リージョンを作成し、立ち上げる

図 9-7　断面図から、屋根を立ち上げる

⑧ 屋根のモデリング：オブジェクトの回転

押し出された立体は、XY 平面に垂直に押し出されているから、断面図における GL（グラウンド・レベル）ラインを軸にして 90°回転すれば、壁体のブロックの上に屋根が載ることになる。以下の手順で実行しよう。

(1) UCS を設定する

オブジェクト・スナップは ON にしておく。

> UCS ENTER
> 原点を指定 または ［… Z 軸（ZA）］〈ワールド〉： →"ZA" と入力する。
> 新しい原点を指定 または…： →GL ラインの左側の端点を指定する。
> Z 軸上での正の点を指定 または…： →GL ラインの右側の端点を指定する。

この操作で、GL ラインを Z 軸とするような座標系が設定された。
画面左下の UCS アイコンで X 軸、Y 軸、Z 軸の方向を確認しよう。

(2) 屋根オブジェクトを GL ライン（Z 軸）を軸にして回転する。

[ROTATE] [ENTER]
[オブジェクトを選択：]
　→屋根のソリッド・オブジェクト（[HOJO]）を選択し、右クリックする。
[基点を指定：] → GL ラインの端点を指定する[14]。
[回転角度を指定 または…：] →"90"と入力する。単位は度である。

この操作で屋根オブジェクトが GL ラインを軸として回転された。

(3) UCS をワールド座標系に戻す

[UCS] [ENTER]
[原点を指定 または［… ワールド（W）…］〈ワールド〉：]
　→"W"と入力するか、既定値が〈ワールド〉であるので、単に [ENTER] キー
　を押せばよい（**図 9-8**）。

ワンポイント ＊14

UCS の原点でもあるから、0,0,0 と入力してもよい。

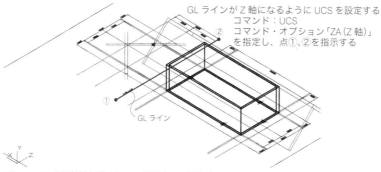

GL ラインが Z 軸になるように UCS を設定する
コマンド：UCS
コマンド・オプション「ZA（Z 軸）」
を指定し、点①、②を指示する

GL ライン

図 9-8　GL を回転軸に設定して、屋根を 90°回転する

⑨ 屋根のモデリング：オブジェクトの切断

屋根の長さは、断面図から立ち上げるときに適当な長さを指定しておいたので、ケラ
バの先端から大きくはみ出している。
正しい長さに揃えるには、通常であれば以下のいずれかの手順が考えられる。

　［1］ケラバの先端を表す線分を鉛直に立ち上げて、それを切断面として屋根をスラ
　　　イスする（[SLICE]）
　［2］屋根オブジェクトの不要な部分を含む直方体を描いて、屋根オブジェクトから
　　　直方体を差し引く（[SUBTRACT]）。

これらの手順は煩雑なので、ソリッド図形を鉛直面で切断するカスタム・コマンド
[SLICE_V]を活用しながら作業しよう[15]。

(1) 屋根オブジェクトを鉛直面で切断する

[SLICE_V] [ENTER]
[オブジェクトを選択：] →屋根オブジェクト（[HOJO]）を選択する[16]。
[オブジェクトを選択：]
　→切断位置を示す線分（この場合は壁の中心線から 1000mm オフセットし
　た基準線、またはケラバを示す破線）を選択する。

この操作でソリッド図形が鉛直面で切断される。

(2) 切断した不要なオブジェクトを削除する

両側の（図では上下の）不要になったオブジェクトは削除する。

ワンポイント ＊15

ソリッド図形を鉛直面で切断する[SLICE_V]に対し、[SLICE_H]は水平面でソリッドを切断する。[SLICE_H]を使うには、あらかじめ 3 次元空間内で高さを示す線分（補助線）を描いておかなければならない。その使い方については後述する。

ワンポイント ＊16

1 つしか選択できない仕様なので、右クリックは不要。

Chapter 9
モデリングの基礎

(3) 屋根オブジェクト用のレイヤを作成してオブジェクトのレイヤを変更する

屋根オブジェクト用のレイヤを新規作成して、屋根オブジェクトのレイヤを HOJO から変更しておこう。新規作成するレイヤは「S_ROOF」、色は緑（色番号 3）としよう（図 9-9）。

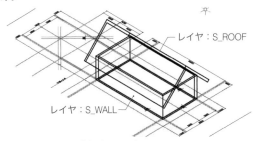

レイヤ：S_ROOF

レイヤ：S_WALL

図 9-9　完成した「家型」の 3 次元モデル #1

⑩ 妻壁のモデリング：共通部分の抜き出し

壁体が高さ 3000mm で天端が水平であるため、妻面で屋根との間に隙間がある。
以下の手順で、妻壁を屋根の形に合わせた形にモデリングしよう。

(1) 壁の輪郭線のリージョンを作成して立ち上げる

平面図上で、壁の輪郭線のリージョンを作成し、高さ 10m で押し出す（EXTRUDE）。

(2) 5 角形のリージョンを作成して押し出す

断面図上で、外壁の外面、屋根の下面、地上面で構成される 5 角形のリージョンを作成し、高さ 20m まで立ち上げる（EXTRUDE）（図 9-10）。

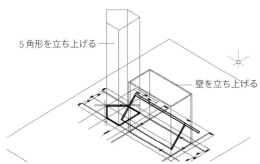

5 角形を立ち上げる

壁を立ち上げる

図 9-10　壁体と壁体との共通部分を求めるべき立体（5 角柱）を立ち上げる

(3) UCS を設定する

UCS を断面図の GL ラインが Z 軸になるように設定する。

(4) 立ち上げた 5 角柱を回転する

GL ラインの端点を基点として、家形の 5 角柱を 90° 回転する。

(5) UCS を WCS に戻す

(6) 5 角柱と壁体の共通部分を抜き出す

INTERSECT を使って、家形の 5 角柱と壁体との共通部分を求める。

(7) レイヤを新規作成して切り替える

S_WALL_2（水色）を新規作成し、作成したオブジェクトのレイヤを変更する。

以上で、**図 9-11** のモデルが完成する。

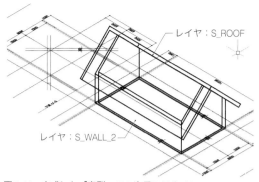

レイヤ：S_ROOF

レイヤ：S_WALL_2

図 9-11　完成した「家型」の 3 次元モデル #2

5　本章で導入した AutoCAD コマンド

コマンド名	機能・目的
標準コマンド	
BOX	直方体の作成
SPHERE	球の作成
ISOLINES	曲面の分割表示数を設定する
UNION	合体する
SUBTRACT	差し引く
INTERSECT	共通部分を抜き出す
CYLINDER	円柱の作成
CONE	円錐の作成
REGION	リージョンの作成
EXTRUDE	押し出す
カスタム・コマンド	
DUPC	オブジェクトを複製し、そのレイヤを現在レイヤに変更する
SLICE_V	鉛直面で切断する
SLICE_H	水平面で切断する

Chapter
9

モデリングの基礎

Chapter 10

フィッシャー邸のモデリング

フィッシャー邸の平面図・断面図をもとにして、その3次元モデルを作成しよう。モデリングは、基本的には **Chapter 9** で行った方法と同じである。すなわち、平面上で2次元ソリッドを作成し、それを立ち上げて、3次元ソリッドを得る。できあがった3次元ソリッドを切断して、モデルを完成する、というプロセスである。

1 モデリングの準備

まず、以下の手順でモデリングの準備を行おう。

(1) 平面図のファイルを別名保存する

Chapter 7 で作成したフィッシャー邸の平面図のファイル「Fisher_House_plans.dwg」を開き、「Fisher_House_model_1.dwg」という別名で保存する。
以降の作業は、この別名保存したファイルで行う[*1]。

(2) 不要なオブジェクトを削除する

1階、2階の平面図には文字、寸法、ハッチングなどモデリングに不要なオブジェクトが存在するので、それらを削除する。
それらはレイヤ MOJI 、 SUNPO 、 HATCH_GREY などのレイヤである。

(3) 断面図をコピーする

断面図のファイル「Fisher_House_sections.dwg」を開いて、断面図をモデリング用の図面「Fisher_House_model_1.dwg」にコピーする[*2]。
断面図においても、モデリングに不要な文字、寸法、ハッチングなどは削除しておく。

(4) 平面図をコピーする

1階と2階の平面図を一式、X方向に100m離れた位置にコピーしよう。
元の平面図はそのままの状態で残しておいて、モデリングは100m離れた平面図の上で行うことにする。
X方向へのコピーはカスタム・コマンド CPX が使える。

> CPX ENTER
> オブジェクトを選択：
> →1階と2階の平面図を一式、ウインドウ選択ないしクロス選択する。選択し終えたら右クリックする。
> gv_dx ⟨10.0⟩：
> →移動距離の初期値が10mmとなっているので、"100000"（＝100m）と入力する[*3]。この操作で1階と2階の平面図が一式、X方向に100m離れた位置にコピーされる。

これでモデリングの準備が整った（図10-1）。

ワンポイント ＊1
APPLOAD でカスタム・コマンドのアプリケーション「mytools.lsp」もロードしておこう。

ワンポイント ＊2
異なる図面間での図形のコピーには、Ctrl＋C、Ctrl＋V を使ったコピー・アンド・ペースト機能を使う（**Chapter 5**）。

ワンポイント ＊3
mytools.lsp をロードしていない場合は、基点（0,0,0）、コピー先（100000,0,0）としてコピーする。

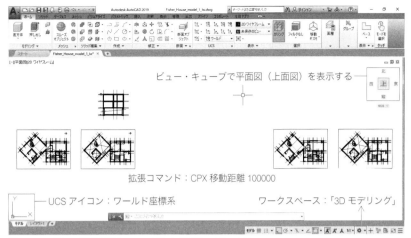

図 10-1　1 階・2 階平面図を 100m 離れた位置にコピーする

2 レイヤ／画面の主な操作

① レイヤの操作

モデリングを始める前に、レイヤや画面の操作に関して簡単にまとめておこう。

作図が進んでゆくと多数のオブジェクトが作図画面上に表示されて作業が行いにくい場合がある。

コマンドやレイヤのプルダウン・リストに並んでいるアイコンを使用すれば、すでに完成している図形のレイヤを一時保管（フリーズ）したり、ロックして修正を行えないようにしたりできる（下表。一部にカスタム・コマンドを含んでいる）。

コマンド・アイコン	機能・目的
レイヤの表示・非表示	
LAYON　LA	全レイヤを表示する
LH	全レイヤを非表示にする（現在レイヤ以外）
LAYOFF　LF	選択したオブジェクトのレイヤを非表示にする[4]
SOLON	"S_"あるいは"SOL_"で始まるレイヤを表示する
SOLOFF	"S_"あるいは"SOL_"で始まるレイヤを非表示にする
「電球」マーク	レイヤの表示・非表示（ON・OFF）
現在レイヤの設定	
LAYMCUR　LS	オブジェクトを選択し、そのレイヤを現在レイヤに設定する[5]
レイヤの一時保管・ロック	
「太陽」マーク	一時保管・保管解除（冷凍・解凍）
「鍵」マーク	ロック・ロック解除[6]
SOLFREEZE	"S_"あるいは"SOL_"で始まるレイヤを一時保管（フリーズ）する
SOLTHAW	"S_"あるいは"SOL_"で始まるレイヤを保管解除する

② ダイナミックな視線の変更

マウスホイールを回転することで、作図画面を拡大・縮小できる。

SHIFT キーを押しながらマウスホイール（中ボタン）を押して、マウスをドラッグすれば視線をダイナミックに変更することができる。

例えば、ビュー・キューブでホームボタンを押せば、アイソメ表示に切り替わるが、アイソメ表示の視線は固定されている。

ワンポイント ＊4

リボンの画層プルダウン・メニューの下に並んだ 10 個の小さなアイコンのうち、上段の一番左のアイコンを押すことでも実行できる。

ワンポイント ＊5

リボンでは、10 個の小さなアイコンのうち、上段の一番右のアイコンである。

ワンポイント ＊6

ロックされたレイヤの図形はロック解除するまで編集できなくなる。

Chapter
10
フィッシャー邸のモデリング

別の角度からオブジェクトを見たいときには、視線をダイナミックに変更する。マウスホイール（中ボタン）から指を離せば視線が固定される。定位置に戻すときはビュー・キューブのホームボタンを押す。

3 壁・床・屋根のモデリング

① 壁のモデリング*7

まず、1階と2階の壁を立ち上げよう。壁の断面線（線分）からリージョン（2次元ソリッド）を作成し、それを鉛直方向に押し出して、ソリッド立体の壁体を作りだす。

(1) レイヤ表示を変更する

現在レイヤを KABE にセットし、 LH で全レイヤ非表示にする。

(2) 壁の断面線を複製する

現在レイヤを HOJO にセットし、 DUPC で壁の断面線の複製を作成する。

> DUPC ENTER
> オブジェクトを選択：
> →壁の断面線を一式、ウインドウ選択ないしクロス選択する。選択し終えたら右クリックする。

(3) レイヤ表示を変更する

LH で HOJO 以外のレイヤを非表示（OFF）にする。

(4) 壁の断面線をリージョンに変換する

壁の断面線の複製（ HOJO ）を一式、リージョンに変換する（ REGION ）。

> REGION ENTER
> オブジェクトを選択：
> →壁の断面線の複製を一式、ウインドウ選択ないしクロス選択する。選択し終えたら右クリックする。
> この操作で「33個のリージョンが作成されました。」と表示される。壁の断面線が閉じていない箇所（階段手摺りの部分）は無視される。

(5) 断面線のリージョンを統合する

1階と2階の壁の断面線（リージョン）を、それぞれ統合（ UNION ）しておく。

> UNION ENTER
> オブジェクトを選択：
> →1階のリージョンを一式、ウインドウ選択ないしクロス選択する。選択し終えたら右クリックする。同様にして、2階のリージョンも UNION しておく。

(6) ビューを変更する

ビュー・キューブでアイソメ表示にする。

(7) リージョンを立ち上げる

1階の床レベルから天井面までは2290mm、2階の床レベルから天井面までも2290mmであるので、この数値を使ってリージョンを立ち上げる。

ワンポイント *7
以下の操作を行う前に、カスタム・コマンドを使えるように「mytools.lsp」をロードしておく。

```
EXTRUDE ENTER
オブジェクトを選択：
```
→ 1階と2階のリージョンを一式、ウインドウ選択ないしクロス選択する。
　　選択し終えたら右クリックする。
```
押し出しの高さを指定 または…： →"2290"と数値入力する。
```

この操作でリージョンが2290mmの高さで立ち上げられる。各階のリージョン
は統合しておいたが（上記(5)）、EXTRUDE でソリッド化した段階でそれぞれの
ソリッド立体に分解されてしまう。2階部分のキッチンの袖壁は不要なので削除
しておく。

(8) 壁体を統合する

1階と2階のソリッド壁体をそれぞれ UNION しておく。

```
EXTRUDE ENTER
オブジェクトを選択：
```
→ 1階のソリッド壁体を一式、ウインドウ選択ないしクロス選択する。選
　　択し終えたら右クリックする。同様にして、2階のソリッド壁体も
　　 UNION しておく。

(9) 壁体用のレイヤを新規作成する

レイヤ S_WALL （水色、色番号4）を新規作成し、作成されたソリッド壁体のレイヤ
を HOJO から S_WALL に変更する。

図 10-2 は、ここまでの作業を全レイヤ表示して示したものである。XY平面（Z=0平
面）が、それぞれ 1FL、2FL であることに留意しよう。また、立ち上がった壁体の天
端は天井面の高さである。

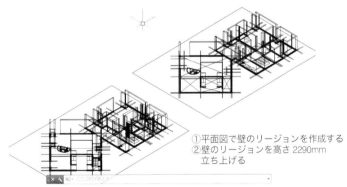

①平面図で壁のリージョンを作成する
②壁のリージョンを高さ2290mm
　立ち上げる

図 10-2　壁の複製をリージョンに変換し、天井面の高さまで立ち上げる

② 床・屋根のモデリング

次に、床をモデリングしよう。

床版（スラブ）の厚さは1階床が325mm、2階床が250mm、陸屋根スラブが230mm、
その上部に屋根仕上げ厚90mmが載っているとしよう[8]。

屋根の先端は外周の壁面より45mm外側に張り出している。また、屋根には水勾配が
あるが、このモデリングでは水平面であるとする。

(1) 1階平面図の外周をなぞる

現在レイヤを HOJO にセットし、オブジェクト・スナップ（端点・交点）を ON

ワンポイント ＊8

これらの数値は断面図
から DIST を使って、計
測したものである。ま
たここでスラブ厚と言
っているのは、下階の
天井面から上階の床面
までの距離である。

（有効）にし、1階平面図の外周を線分でなぞる[*9]。

(2) 1階床版のリージョンを作成する

$\boxed{\text{LH}}$ で $\boxed{\text{HOJO}}$ 以外の全レイヤを非表示にする。

$\boxed{\text{REGION}}$ で描かれた線分を全選択し、リージョンに変換する。

そのリージョンは、後に高さを与えられて1階の床版に変換される。

(3) 2階床版のリージョンを作成する

$\boxed{\text{LA}}$ を使って、全レイヤを表示する。

1階平面図の上で、2階の床版になるべき領域を $\boxed{\text{HOJO}}$ でなぞる。

リビング・ダイニング・キッチンの上部は吹き抜けであり、床がないことに注意すること。

なぞった線分群は、(2)と同様にしてリージョンに変換する。

(4) 屋根スラブをリージョンに変換する

全レイヤ表示して、2階平面図の上で屋根スラブになる領域を $\boxed{\text{HOJO}}$ でなぞる。

なぞった線分群は、(2)と同様のプロセスでリージョンに変換する。

(5) 3つのリージョンを押し出してソリッドな床版を作成する

ここまでの作業で $\boxed{\text{HOJO}}$ に作成された3つのリージョンを押し出してソリッド床版を作成する（$\boxed{\text{EXTRUDE}}$）。

押し出し高さは1階の床版は−325mm、2階スラブが250mm、屋根スラブが230mmである[*10]。

(6) 2階と屋根の床版を移動する

2階と屋根の床版を $\boxed{\text{MZ}}$ でZ方向に移動する。

移動距離は両方とも2290mmである。1階の床については移動する必要はない。

(7) 床版のレイヤを新規作成する

$\boxed{\text{S\_FLOOR}}$（黄、色番号2）を新規作成し、3枚のソリッド床版のレイヤを $\boxed{\text{HOJO}}$ から $\boxed{\text{S\_FLOOR}}$ に変更する。

(8) 屋根仕上げの床版を作成する

2階平面図で、外壁を作図するために描かれた補助線（$\boxed{\text{GUIDE}}$）を外側にさらに45mmオフセットした補助線を描く。

$\boxed{\text{HOJO}}$ で、そのガイド線をなぞって、屋根仕上げの床版の輪郭線を描く。

輪郭線が描けたら、(2)と同様のプロセスでリージョンに変換する。

(9) 屋根のリージョンを押し出す

$\boxed{\text{EXTRUDE}}$ を使って、作成したリージョンを高さ90mmで押し出す。

(10) 屋根の床版を移動する

押し出されたソリッド床版をZ方向に高さ2520mm（＝2290＋230）移動する。

(11) 屋根の床版のレイヤを新規作成する

レイヤ $\boxed{\text{S\_FLOOR}}$（緑、色番号3）を新規作成し、作成した床版のレイヤを $\boxed{\text{HOJO}}$ から $\boxed{\text{S\_FLOOR}}$ に変更する。

ここまでの作業で、3枚の床スラブ（$\boxed{\text{S\_FLOOR}}$）と1枚の屋根仕上げのスラブ（$\boxed{\text{S\_FLOOR}}$）が作成された。

$\boxed{\text{S\_WALL}}$ をフリーズ解除し、ビュー・キューブで立面図（正面図）を表示して、高さ方向に誤りがないか確認しよう。

③ 吹き抜け部分の調整

リビング・ダイニング・キッチンの空間は2層吹き抜けなので、1階の壁と2階の壁

ワンポイント ＊9

オブジェクト・スナップを正しく使い、1本目の線分の始点と最後の線分の終点は必ず1点で交わること。$\boxed{\text{LINE}}$ の最後に $\boxed{\text{ENTER}}$ キーの代わりに"C"と押せば線分群は閉じられる。閉じた領域が形成されなければリージョンを作成することができない。

ワンポイント ＊10

$\boxed{\text{EXTRUDE}}$ はマイナスの値を入力することができる。

との間には床スラブの厚み分の隙間が空いてしまっている。

いままでと同様の手順で、その隙間を壁で埋めておこう。

(1) リビング・キューブの外壁の輪郭を HOJO でなぞる。

(2) なぞった輪郭をリージョンに変換する。

(3) リージョンを 250mm 押し出す。

(4) 押し出されたソリッドを Z 方向に 2290mm 移動する。

(5) 作成されたソリッドのレイヤを S_WALL に変更する。

図10-3 は、ここまで作成したソリッドを表示したスナップショットである。最終的には、2 階のオブジェクトは 1 階の上部に移動してドッキングする。

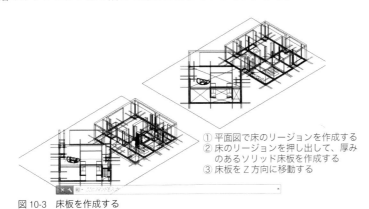

① 平面図で床のリージョンを作成する
② 床のリージョンを押し出して、厚みのあるソリッド床板を作成する
③ 床板を Z 方向に移動する

図 10-3 床板を作成する

4 開口部のモデリング

次に開口部（窓・玄関ドア）を作成しよう。

フィッシャー邸で特徴的なのはスリット状に窪みのある壁面で、ガラス窓が取り付けられている[*11]。

作成するのは枠、ガラス、窓台（水切り）の 3 種類のソリッド・オブジェクトとし、寸法等は下表の通りとする[*12]。

部位		寸法	備考
枠	縦枠	25mm × 80mm（左右 2 カ所）	枠外幅：520mm または 450mm（床から天井までのフルハイト）
	下枠・上枠	80mm ×建具幅	
ガラス		10mm 幅 建具枠の外面からガラス面は 15mm 内側	
窓台（水切り）		高さ：50mm 外壁面から水切りの出：45mm	

① 窓枠の作図

(1) 建具用のレイヤを新規作成する

S_WAKU （黄）、S_GLASS （緑）、S_MIZUKIRI （緑）という 3 つのレイヤを新規作成する。

(2) 建具周辺の平面図をコピーして下敷きにする

当該の建具を含む平面図の一部を、図面の余白部分にコピーする。

図 10-4 は主寝室の開口部をコピーしてきて、180° 回転したものである。それを下敷きにして、現在レイヤを HOJO にセットし、リージョンを作成するための線分を描く。

あらかじめ GUIDE でガイド線を描いておく。

ワンポイント ＊11

これらの建具は、実際は腰の高さまで板戸であるものや、フルハイトのガラス框戸になっているものなど場所によって異なっている。しかし、ここではある程度簡略化して、すべてフルハイトのガラス戸とし、框は省略してモデリングする。

ワンポイント ＊12

ガラスはソリッドな板ではなく単なる面としてモデリングする方法もある。しかし、ここでは厚さ 10mm の板としてモデリングする。水切りの水勾配も無視する。作成方法は、いままでと同じく、平面上でリージョンを作成し、それを押し出してソリッド立体とする。

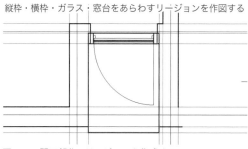

縦枠・横枠・ガラス・窓台をあらわすリージョンを作図する

図 10-4　開口部分のリージョンを作成する

(3) 縦枠のリージョンを立ち上げる

アイソメ表示にして、リージョンを立ち上げてゆく。

まず、現在レイヤを S_WAKU にセットして、EXTRUDE で 2 本の縦枠を立ち上げる。立ち上げ高さは天井高に等しい 2290mm とする。

(4) 下枠のリージョンを立ち上げる

次に、下枠を立ち上げる。

立ち上げ高さは 25mm である。

下枠は、その下に窓台（水切り）が設置されるので、FL より 50mm 高くなる。Z 方向へは MZ で移動させる。移動距離は 50mm である。

(5) 下枠をコピーして上枠を作成し合体する

上枠は下枠をコピーする。

下枠の端点を基点とし、コピー先は縦枠の天端の端点とすればよい。コピーできたら、上枠、下枠、2 本の縦枠を UNION で合体させる。

(6) 建具枠の余分な部分を削除する

合体した建具枠は、下部が窓台（水切り）の中まで飛び出している。

それを削除するために、オブジェクトを水平に切断するカスタム・コマンド SLICE_H を使ってみよう[13]。

SLICE_H を使うには、あらかじめ切断面の高さを示す補助線を引いておく。

図 10-5 は下枠の下端の端点、上端の端点、上枠の下端の端点から水平に補助線を引いたところを示している。

後にガラスのオブジェクトも下枠の上端、上枠の下端のレベルで切断するので、あらかじめ補助線を引いておく。

> **ワンポイント ＊13**
>
> 窓台のオブジェクト（高さ 50mm）を作成し、枠オブジェクトから窓台オブジェクトを差し引いてもよい（SUBTRACT）。

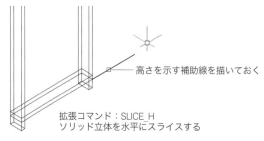

高さを示す補助線を描いておく

拡張コマンド：SLICE_H
ソリッド立体を水平にスライスする

図 10-5　立ち上げたソリッドを、水平に切断する

SLICE_H ENTER
オブジェクトを選択：　→建具枠オブジェクト（S_WAKU）を選択する[14]。
オブジェクトを選択：
　→切断高さを示す線分（下枠の下端レベルを示す補助線）を選択する。

> **ワンポイント ＊14**
>
> 1 つしか選択できない仕様なので、右クリックは不要。

この操作で建具枠オブジェクトが補助線の高さの水平面で切断される。

不要になった下側のオブジェクトは削除する。

② ガラス・窓台の作図

(1) ガラスを作成する

現在レイヤを S_GLASS に変えて、EXTRUDE を使って、ガラスを示すリージョン（HOJO）を 2290mm 立ち上げる。

①－（6）の操作と同様に、下枠の上端、上枠の下端のレベルでガラス・オブジェクトを切断する。不要になったガラス・オブジェクトは削除する。

(2) 窓台を作成する

現在レイヤを S_MIZUKIRI に変えて、窓台を示すリージョン（HOJO）を 50mm 立ち上げる。

以上で建具が完成する。

同様の手順で、建具幅450mmの建具も作成する（**図10-6**）。

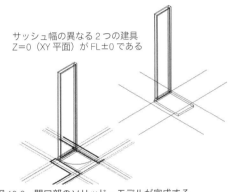

サッシ幅の異なる２つの建具
Z＝0（XY平面）が FL±0 である

図 10-6　開口部のソリッド・モデルが完成する

Chapter
10
フィッシャー邸のモデリング

ワンポイント ＊15

Chapter 5 参照

③ 平面図への建具の配置

(1) 建具を複合図形に変換する

作成した建具を平面図に配置するために、複合図形として図面内に登録しよう（BLOCK）[15]。

複合図形（BLOCK）の名前は「temp1」「temp2」などとする。

挿入基点はそれぞれの基準線の左上の交点とする。

(2) 平面図上に建具の複合図形を配置する

1階、2階平面図上に、INSERT を使って、複合図形 temp1 ないし temp2 を配置してゆく。

挿入した時点では、「分解」しないこと。

配置したのちに、ROTATE や MOVE で正しい位置にセットする。

(3) レイヤ表示を変更し建具の複合図形を分解する

1階、2階の該当する開口部に建具をすべてセットし終えたら、S_WAKU、S_GLASS、S_MIZUKIRI 以外を非表示にして、EXPLODE ですべての建具を分解する。

(4) 窓台オブジェクトの長さを調整する

一部の水切り（窓台）の長さが足りないので、窓台オブジェクトを必要な長さだけ足さなければならない。

いったん窓台オブジェクトを適当な移動距離でコピーし、２つの窓台オブジェク

トを UNION し、その後で、窓台の出を示す補助線に沿って切断すればよい。
切断するには、拡張コマンド SLICE_V を使う。

ここまでの作業を図 10-7 に示す。
ここでは、1 種類の窓についてモデリングの詳細を解説したが、その他の窓についても、同じ方法でモデリングを行い、開口部のモデリングを完成させよう。平面図で縦枠、下枠・上枠、ガラスの輪郭をリージョンで作成し、それらを必要な高さまで立ち上げる。さらに必要に応じて、できあがったソリッドを水平面または鉛直面で切断すればよい。

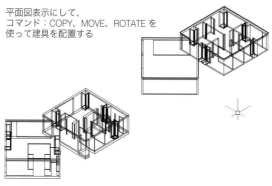

平面図表示にして、
コマンド：COPY、MOVE、ROTATE を
使って建具を配置する

図 10-7　開口部のモデルを、建物各部に配置する

5　モデルの統合

ここまでの作業を統合しよう（図 10-8）。
① 1・2 階モデルの統合
(1) 1 階のモデルを複製する
1 階のモデルを一式、X 方向に 100m 離れた位置に CPX でコピーする。
(2) 2 階のモデルを 1 階のモデルの上に載せる
2 階のモデルの外壁、建具枠、ガラス板を、複製した 1 階のモデルの上部に載せる。
まず 2 階のモデルを Z 方向に 2540mm（＝ 1 階階高）移動する。
S_WALL 、 S_WAKU 、 S_GLASS 以外のレイヤを非表示にする。
MZ で Z 方向に 2290mm 移動したのち、 CPX で X 方向にコピーする。
移動距離は 50m と指定する。

① 2 階のモデルを Z 方向に 2540mm
　移動する
② 1 階のモデルを X 方向に 100m、
　2 階のモデルを X 方向に 75m 離れた
　位置にコピーする

図 10-8　1 階と 2 階のモデルを統合する

② 床の調整

いま統合モデルの床（ S_FLOOR ）は外壁の外面まで伸びているが、外壁の厚さ150mm分は床ではなく、壁体としておきたい。そのためにまず床を外壁の厚さで切断し、その部分のレイヤを S_WALL に変更しよう。

(1) 床オブジェクトのレイヤを切り替える

床は1階床、2階床、屋根スラブと3個のオブジェクトからなるが、平面図表示にしたとき、重なって表示されるので切断などの編集ができない。
3個のオブジェクトのレイヤを TEMP1 （黄）、 TEMP2 （緑）、 TEMP3 （水色）に変更する。

(2) ビューとレイヤ表示を変更する

平面図表示にして、 TEMP1 、 GUIDE 以外を非表示にする。

(3) 床オブジェクトを切断する

床オブジェクト（ TEMP1 ）を外周壁の室内側のガイド線で切断してゆく（ SLICE_V ）[16]。

(4) 壁体と外周のオブジェクトなどを合体する

S_WALL と HOJO 以外を非表示にして、壁体と HOJO であるオブジェクトを合体する（ UNION ）[17]。

(5) 壁オブジェクトが単一になっていることを確認する

(3)、(4)をその他の床オブジェクト（ TEMP2 、 TEMP3 ）について同様に処理する。

ワンポイント ＊16

床オブジェクトとして残すべき部分を切断してしまったときは、 UNION で合体させておく。切断後、外周のオブジェクトのレイヤは HOJO に変更する。

ワンポイント ＊17

UNION されたオブジェクトのレイヤが HOJO になってしまったら、 S_WALL に変更しておく。

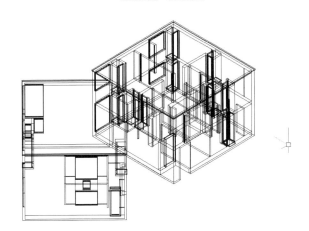

図10-9　壁・床・開口部が完成したソリッド・モデル

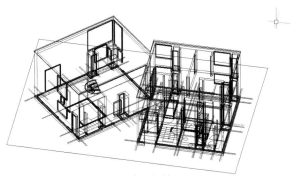

SHIFT キーとマウスホイールを押しながら、
マウスを移動すれば、視点が回転する
図10-10　視点を回転して、細部をチェックする

Chapter 10

フィッシャー邸のモデリング

6 暖炉・煙突・基礎のモデリング

暖炉と煙突のモデリングも、基本的には今までと同じプロセスである。
つまり、リージョンを作成し、それを立ち上げてソリッドを作成する。

(1) 暖炉と煙突の外形を作成する

平面図には暖炉が描いてあるので、その外形の複製を HOJO にて作成する
（DUPC）。

煙突は屋根の上の詳細が不明なので、平面図での煙突の位置を中心に、半径
250mm の円を描いておく。

(2) 暖炉と煙突の外形をリージョンに変換する

HOJO 以外を全レイヤ非表示にし、暖炉の外形と煙突の円をリージョンに変換
する（REGION）。

(3) 暖炉と煙突のリージョンを立ち上げる

暖炉の外形と煙突の円を、とりあえず高さ 5m で立ち上げる（EXTRUDE）。

(4) 煙突の曲面分割数を変更する

ISOLINES で曲面の分割表示数を 24 程度にセットする。

(5) レイヤ表示を変更し補助線を引く

S_FLOOR と S_ROOF を表示し、2 階天井面、屋根の最高高さを示すポイントか
ら補助線を水平に引いておく。

最高高さを示す補助線は、CPZ で 450mm 持ち上げておく。

(6) 暖炉と煙突を水平に切断する

SLICE_H で暖炉と煙突を水平にスライスする。

余分なオブジェクトは削除する。

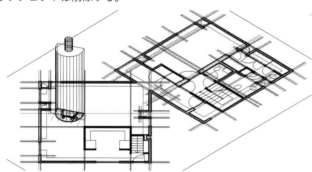

図 10-11　暖炉のモデルを作成する

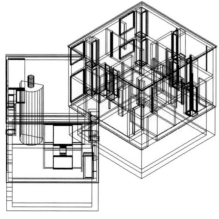

図 10-12　地階（基礎）を作成する

(7) 暖炉と煙突のレイヤを変更する

S_DANRO と S_ENTOTSU を新規作成し、暖炉と煙突のオブジェクトのレイヤを
変更する。

基礎についても同様にモデリングすれば、建物本体のモデリングが一通り完成する
（図10-12）。1階床高（1FL）がXY平面（Z＝0）であることに留意しよう。

7 本章で導入したAutoCADコマンド

コマンド名	機能・目的
標準コマンド	
LAYOFF	オブジェクトを選択し、そのレイヤを非表示にする
LAYMCUR	オブジェクトを選択し、そのレイヤを現在レイヤに設定する
カスタム・コマンド	
LF	オブジェクトを選択し、そのレイヤを非表示にする
LS	オブジェクトを選択し、そのレイヤを現在レイヤに設定する
SOLON	"S_"あるいは"SOL_"で始まるレイヤを表示する
SOLOFF	"S_"あるいは"SOL_"で始まるレイヤを非表示にする
SOLFREEZE	"S_"あるいは"SOL_"で始まるレイヤを一時保管（フリーズ）する
SOLTHAW	"S_"あるいは"SOL_"で始まるレイヤを保管解除する

Column

ソリッド・モデルとは

ここまでソリッド立体を使って、3次元モデリングを行ってきた。ソリッド立体とは、どのような図形タイプなのであろうか。

ソリッド立体とは、その名前からして中身の詰まった無垢の立体をイメージしがちである。実態はそうではない。立方体を思い浮かべてみよう。立方体は6枚の面（FACE）で構成される。それぞれの面は正方形である。1つの面は、4本の辺（稜、EDGE）で構成される。1本の稜は線分で、2つの頂点（VERTEX）で構成される。点はそれ以上の構成要素には分解されない。頂点、稜、面で構成される全体が立体（BODY）を形作る。ソリッド立体とは、この点・稜・面・立体の関係が記述されたデータ形式のことをいう。

実は、ソリッド立体におけるそれぞれの面はREGION（2次元ソリッド）である。複数のREGIONの組み合わせがBODYである。あるいはSHELL（殻）ともいう。このような関係性の記述と共に、立方体の例では8個の頂点の3次元座標が記述される。その座標のことを幾何（geometry）という。座標以外の点・稜・面・立体の関係性の記述を位相（topology）という。

図は、立方体の8個の頂点の結び方を表した図である。たとえ8個の頂点の座標が与えられたとしても、それぞれのつなぎ方が分からなければ、立方体を描くことはできない。この例のように、図形（オブジェクト）には必ず幾何的側面と位相的側面の両方が存在する。この両者をあわせもたなければ、コンピュータは立体を一意に表現することができない。ソリッド・モデルとは、そのためのデータ形式なのである。そして、いったん完全なる立体を定義することが可能になれば、それらの立体間でのブーリアン演算のような編集の手続きを記述することができるようになる。それを使って、建築のような複雑な立体をシミュレートすることが可能になる。

8つの頂点の座標に加えて、
点と点の結び方を示す情報が
必要である

曲面の基礎

フィッシャー邸の敷地モデルを作成する前に、曲面の基礎的な作図方法を身につけよう[1]。

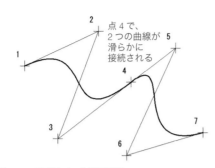

図 11-1　スプライン曲線の原理

点 4 で、
2 つの曲線が
滑らかに
接続される

ワンポイント ＊1

曲線は 1 変数の 3 次関数で記述されるから、1 次元である。これは、曲がりくねった曲線も直線、例えば X 軸に写像できることを意味している。曲面は 2 つの変数の 3 次関数で記述される。曲面は 2 次元である。これは XY 平面に写像できることを意味する。3 次関数で記述される曲線は 4 点で 1 本の曲線が定義される。同様に、3 次関数で記述される曲面は 4×4＝16 点で 1 つの曲面が決定される（**図 11-1**）。

1 曲面の作図と調整

① 曲面の作図

テンプレート・ファイル「waku_a3_100.dwt」で図面を新規作成し、以下の手順で曲面を描こう。

(1) グリッド（基準線）を描く

まず、X 方向、Y 方向ともに 3 スパンのグリッド（基準線）を描く。

X 方向のスパンは 7500mm、Y 方向のスパンは 5000mm である。

レイヤは KIJUN とする。

基準線の交点は計 16 カ所あることに留意する。

(2) 基準線の交点に垂直線を描く

次にアイソメ表示にして、基準線の交点に様々な高さの垂直線を描く（**図 11-2**）。

現在レイヤは MAJIKIRI （黄）にセットする。

例えば高さ 4000mm の線分を描くには次のようにする[2]。

ワンポイント ＊2

この手順は、やや煩雑である。「mytools.lsp」をロードしてあれば、カスタム・コマンド VLINE （VL でも可）が使える。

VLINE ［ENTER］
高さを指定〈2000〉：
　→高さを"4000"などと数値入力する。
点を指定：
　→マウス・カーソルでグリッドの交点を指定する。
点を指定：
　→別の点を指定できる。終了させるときは ESC キーを押す。

LINE ENTER
1 点目を指定：　→1 点目はグリッドの交点を指定する。
次の点を指定：
　　→キーボードで".xy"と打ち、マウスで 1 点目と同じ交点を指定する。
仮想値を入力（z 値を入力）：　→キーボードで"4000"と数値入力する。
次の点を指定：　→3 点目は不要なので、ESC キーを押す。

拡張コマンド：VLINE
を使って、グリッドの交点に
高さの異なる線分を立ち上げる

図 11-2　基準線の交点に、高さの異なる鉛直線を立ち上げる

(3) 垂直線を配置する

この手順で 16 カ所の交点に、2500mm、4000mm、5500mm、7000mm という 4
種類の高さの線分を適宜、配置する。この作業で、グリッド上の 16 カ所の交点に、
それぞれの高さを設定したことになる。

(4) 垂直線の頂点を通るスプライン曲線を描く

次に、X1 通り〜 X4 通りについて、それぞれ立ち上げた線分の頂点を通るスプラ
イン曲線を描く[*3]（図 11-3）。

現在レイヤを HARI （水色）にセットし、オブジェクト・スナップは端点を拾う
ように ON（有効）にする。

> ワンポイント ＊3
>
> 曲線（スプライン曲線）については **Chapter 8** を参照。スプライン曲線は、制御点を指定する方法と、描かれる曲線が通過する点を指定する方法（フィット）がある。ここではフィットを選ぶ。

SPLINE ENTER

1 点目を指定 または ［方法 (M) 次数 (D) オブジェクト (O)］：
　→ "M" と入力する。

スプラインの作成方法を指定 または ［フィット (F) 制御点 (CV)］：
　→ "F" と入力する。

1 点目を指定 または ［方法 (M) 次数 (D) オブジェクト (O)］：
　→ 1 点目の頂点を指定する。

次の点を指定 または ［方法 (M) 次数 (D) オブジェクト (O)］：
　→ 2 点目の頂点を指定する。

次の点を指定 または ［方法 (M) 次数 (D) オブジェクト (O)］：
　→ 3 点目の頂点を指定する。

次の点を指定 または ［方法 (M) 次数 (D) オブジェクト (O)］：
　→ 4 点目の頂点を指定する。

次の点を指定 または ［方法 (M) 次数 (D) オブジェクト (O)］：
　→ ENTER キーを押す。

この操作を繰り返し、X1 通り〜 X4 通りに順次、計 4 本のスプライン曲線を描く。

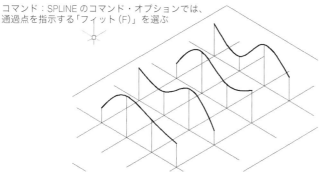

コマンド：SPLINE のコマンド・オプションでは、
通過点を指示する「フィット (F)」を選ぶ

図 11-3　頂点を結んで、スプライン曲線を 4 本描く

(5) 曲面を生成する

次に、描かれた 4 本のスプライン曲線を断面線とするような曲面を生成しよう。
使うコマンドは LOFT である。
現在レイヤを SIAGE （緑）に設定する。

LOFT ENTER

ロフトする順に断面を選択 または ［… モード (MO) …］：
　→ 左側から順に断面となるスプライン曲線を選択してゆく[*4]。

ロフトする順に断面を選択 または…：　→ 2 本目のスプライン曲線を選択する。

> ワンポイント ＊4
>
> 「モード (MO)」を選択すれば、作成する曲面をソリッドにするかサーフェスにするかを選べる。しかし、この場合は開いたスプライン曲線が断面線であるので、指定に関わらず生成される曲面はサーフェスとなる。

ロフトする順に断面を選択 または…:	→ 3本目のスプライン曲線を選択する。
ロフトする順に断面を選択 または…:	→ 4本目のスプライン曲線を選択する。
ロフトする順に断面を選択 または…:	→ ENTER キーを押す。
オプションを入力 […]〈交差セクションのみ〉:	→ ENTER キーを押す。

この操作でロフテッド曲面が描かれる[*5]。

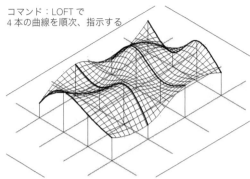

コマンド：LOFT で
4本の曲線を順次、指示する

図 11-4　4本の曲線を断面線とする曲面（ロフテッド曲面）を生成する

(6) 曲面の分割数を変更する

曲面の分割数が粗いので、もう少し細かく表示しよう[*6]。

PROPERTIES でプロパティ・ウインドウを開き、「U 面分割線」を 6 から 24 に
変更する。

あわせて「V 面分割線」を 24 に変更する（**図 11-4**）。

② 曲面の種類の変換

AutoCAD で作成するサーフェスモデルには、作成履歴が残っている「プロシージャサ
ーフェス」[*7]と、制御点で形を調整できる「NURBS サーフェス」（以下、NURBS）の
2 種類がある。

LOFT で作成したサーフェスはプロシージャサーフェスである。

曲面の形を調整するために、以下の手順で NURBS に変換しよう。

(1) コマンドで NURBS に変換する

プロシージャサーフェスを NURBS に変換するには、コマンド **CONVTONURBS**
を使う[*8]。

CONVTONURBS ENTER
変換するオブジェクトを選択：
→マウスでプロシージャサーフェスを指定すれば、NURBS に変換される。

変換すると元には戻せないことに注意しよう。

変換しても、画面上で曲面の見た目は変わらない。

以下の手順で変換結果を確かめられる。

LIST ENTER
オブジェクトを選択：　→曲面を選択する。

図形タイプは "NURBSURFACE" に変わっている。

プロパティ・ウインドウを表示して、曲面を選択してもよい。プロパティ・ウイ
ンドウでは図形タイプは日本語化されて「サーフェス（NURBS）」と表示される。

③ 制御点による曲面の調整

NURBS 曲面の制御点を、コマンド CVSHOW で表示しよう[9]。

ワンポイント ＊9

CVSHOW は Show Control Vertices という意味である。逆に制御点を非表示にするには CVHIDE を使う。CVHIDE は Hide Control Vertices の意味である。

> CVSHOW ENTER
>
> 制御点を表示する NURBS サーフェスまたは曲線を選択：
>
> →マウスで NURBS 曲面を選択し、右クリックする。

コントロール・メッシュが赤茶色のラインで示され、メッシュの頂点（制御点）には青色の小円（グリップ）が表示される。
特定の制御点をグリップして位置を調整することがインタラクティブに行えるようになる。
図 11-5 は制御点の 1 つを持ち上げている様子である。
ここまでの作業を「spline_surface_test.dwg」という名前で保存しておこう。

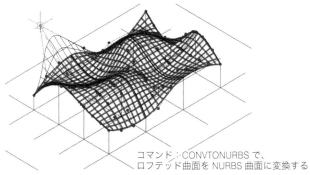

コマンド：CONVTONURBS で、ロフテッド曲面を NURBS 曲面に変換する

図 11-5　NURBS 曲面に変換すれば、局所的な修正が可能になる

④ 折れ線を基準線とした曲面の生成

この例題では、平面上の直交グリッドの点の座標からスプライン曲面（NURBS 曲面）を生成した。しかし、基準線は必ずしも直交している必要はない。
図 11-6 は、折れ線（ポリライン）を基準線にして曲面を生成したものである。手順は直交グリッドでの場合と同じである。ここでも、はじめに 16 カ所の参照点の高さを決めたということに留意しよう。参照点の数を増やしてゆけば、より複雑な曲面が生成される。曲線の場合に、複数の曲線が滑らかに接続されることを思い出そう。同じ原理で、複数の曲面パッチが、なめらかに接合されて曲面全体が形成される。

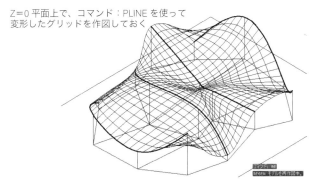

Z=0 平面上で、コマンド：PLINE を使って変形したグリッドを作図しておく

図 11-6　変形したグリッドから曲面を生成する

曲面のソリッド化：厚みを与える方法

前節で作成した曲面は、厚さのない抽象的な面である。

このままでは、曲面の一部を切り取ったり、穴を開けたり、あるいは他の立体との干渉を調べたり、というようなことができない。

こうした立体どうしの足し算・引き算・掛け算を可能にするために、曲面に厚みを与えて 3DSOLID に変換する作業が必要になる。

以下の手順で進めよう。

(1) データの準備

前節で作成した「spline_surface_test.dwg」を開き、「spline_surface_solid.dwg」という名前で別名保存しよう[*10]。

(2) 曲面の分割数を設定する

まず、ソリッド図形の曲面の分割数を設定しておく。

> ISOLINES ENTER
> ISOLINES の新しい値を入力〈4〉：
> →既定値は 4 であるので、"24" などと入力する。

(3) 曲面を複製する

このまま曲面をオフセットしてソリッドに変換すると、もとの曲面は消えてしまう。

曲面を複製して、その複製をソリッド化しよう。

複製を作成して、それを現在のレイヤに置き換える拡張コマンドは DUPC である。

現在レイヤを HOJO に設定する。

> DUPC ENTER
> オブジェクトを選択： →曲面を選択する。選択し終えたら、右クリックする。

曲面の複製が作成されたら、LH で全レイヤ非表示にする。

(4) 複製した曲面をオフセットする

サーフェスに厚みを与えるコマンドは SURFOFFSET である[*11]。

曲面をオフセットする。曲面の厚さは 200mm としよう。

> SURFOFFSET ENTER
> オフセットするサーフェスまたはリージョンを選択：
> →曲面を選択する。オフセットするのは1つだけであるので右クリックする。オフセットする向きに矢印が表示される（図 11-7）。
> オフセット距離を指定 または[方向を反転（F）両面（B）ソリッド（S）…]：
> →ソリッドを作成するので、オプションの"S"を入力する[*12]。
> オフセット距離を指定 または [方向を反転（F）両面（B）ソリッド（S）…]：コマンド：
> →オフセット距離を入力する。"200"と数値入力する。

以上の操作で厚さ 200mm の曲面の板が作成された[*13]（図 11-8）。

(5) ソリッド化した曲面のレイヤを変更する

レイヤ S_ROOF （水色）を新規作成し、曲面オブジェクトのレイヤを HOJO から S_ROOF に変更しておく。

ワンポイント ＊10

APPLOAD で「mytools.lsp」をロードし、カスタム・コマンドを使用できるようにしておこう。

ワンポイント ＊11

SURFOFFSET とキーボードで入力する代わりに、作図ワークスペースを「3D モデリング」にして、リボン（コマンド・パネル）の「サーフェス」タブから「作成」「オフセット」を選択してもよい。

ワンポイント ＊12

ここで "S" と入力しなければオフセットしたサーフェスが作成される。"F" を入力すれば、オフセットする向き（上向き、あるいは下向き）が反転する。ここでは下向きにオフセットする。

ワンポイント ＊13

PROPERTIES でプロパティ・ウインドウを出し、作成された図形のプロパティを調べよう。曲面を選択すると、図形タイプは「3D ソリッド」であることが確かめられる。

コマンド：SURFOFFSET を
使って、曲面を法線方向に
オフセットする

図 11-7　曲面をオフセットしてソリッドを生成する

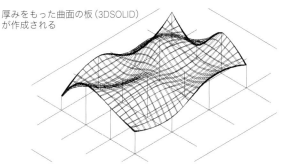

厚みをもった曲面の板（3DSOLID）
が作成される

図 11-8　屋根オブジェクトが湾曲する曲面の板として完成する

3　曲面のソリッド化：立体を曲面で切断する方法

前節では、曲面を各場所（局所的な微小面）で法線方向にオフセットする
（SURFOFFSET）ことで、曲面を一定の厚みでソリッド化する方法を紹介した。
次に、NURBS 曲面でソリッド立体を切断する（SLICE）ことにより、曲面をソリッ
ド化する方法を紹介しよう*14。
以下の手順で実践してみよう。

(1) 曲面を一時保管する

前節で作成したソリッドな屋根オブジェクト（S_ROOF）を一時保管する。
現在レイヤを KIJUN に設定し、全レイヤ非表示にする。

(2) レイヤを変更し直方体を作成する

現在レイヤを KABE（白）にセットする。オブジェクト・スナップを ON（有効）
にして、交点を拾えるようにする。

ワンポイント ＊14

NURBS 曲面を Z 軸に沿
ってマイナス方向に押
し出して、その立体を
XY 平面で切断すればよ
いと考えられる。しか
し、この方法はうまく
行かない。NURBS 曲
面を EXTRUDE すると、
外周の境界線だけが押
し出される。

Chapter
11
曲面の基礎

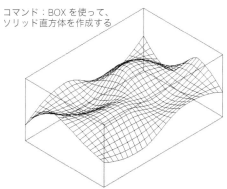

コマンド：BOX を使って、
ソリッド直方体を作成する

図 11-9　曲面の外周を 4 周とするソリッド直方体を作成する

[BOX]で、基準線の左下の交点、右上の交点を底面とする高さ 10m の直方体を作成する（図 11-9）。

(3) レイヤ表示を変更し直方体を曲面で切断する

NURBS 曲面の描かれているレイヤ（[SIAGE]）を ON（表示）にする。

直方体を NURBS 曲面で切断する（図 11-10）。

> [SLICE] [ENTER]
> [切断するオブジェクトを選択]：
> 　→直方体を選択する。選択し終えたら、右クリックする。
> [切断平面の始点を指定 または ［…サーフェス (S) …］]：　→"S" と入力する。
> [サーフェスを選択]：
> 　→曲面を選択する。1 つしか選択できないので、右クリックは不要。
> [保持する切断オブジェクトを選択 または ［両側を保持 (B)］〈両側を保持〉]：
> 　→"B" と入力する[*15]。

ワンポイント ＊15

あるいは既定値が「両側を保持」なので、単に[ENTER]キーを押す。

コマンド：SLICE で
「サーフェス (S)」オプションを
使用して、直方体を曲面で切断する

図 11-10　直方体を曲面でスライスする

ワンポイント ＊16

作成された立体の図形タイプをプロパティ・ウインドウで調べれば「3D ソリッド」である（[PROPERTIES]）。この立体は、屋根オブジェクトの上面を XY 平面に正射影した底面との間の空間を充填している。他の立体、例えば壁オブジェクトや柱オブジェクトがあったとき、このオブジェクトとの共通部分を抜き出せば、壁や柱を屋根（上面）で切断することと同じ結果が得られる。

(4) 作成したオブジェクトのレイヤを変更する

スライスされた上側のオブジェクトは不要なので削除する。

レイヤ[S_DUMMY]（水色、色番号 4）を新規作成し、作成されたオブジェクトのレイヤを[KABE]から[S_DUMMY]に変更する。

曲面の大屋根と地表面との間の空間を表すソリッド立体を作成する場合などに今回の方法は有効である[*16]。

4　ソリッド立体の編集

ここまで屋根オブジェクトや屋根面と地面との間の空間を表すオブジェクトの作成を行った。

続いて、屋根以外の構成要素を作成してみよう。

屋根の下の空間は図 11-11 のように壁が配置されているものとしよう。外周の壁の中心線は、屋根の先端から1m 内側にオフセットしているとする。壁厚は300mm とする。また、図の位置で、屋根には直径 4m の円形の穴が開いているとしよう。

① 壁の作成

(1) 一部のレイヤを一時保管する

以下のレイヤを一時保管しておく。

ソリッド図形用のレイヤ：[S_ROOF] [S_DUMMY]

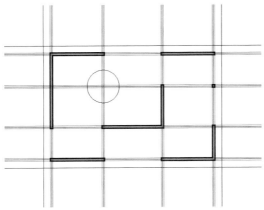

図 11-11　壁・柱を 2 次元の図として作図する

NURBS 曲面用のレイヤ：SIAGE

NURBS 曲線用のレイヤ：HARI

(2) 平面上の壁の輪郭線を複製する

アイソメ表示にして、現在レイヤを HOJO にセットし、DUPC で平面での壁のラインの複製を作成する。

LH で全レイヤ非表示にする。

(3) 複製した輪郭線をリージョンに変換する

複製した壁の輪郭線をリージョンに変換する（REGION）。

(4) 作成したリージョンを押し出す

リージョンを高さ 10m まで押し出す（EXTRUDE）。

(5) 押し出した壁体を合体させる

押し出されたソリッド壁体を合体させる（UNION）。

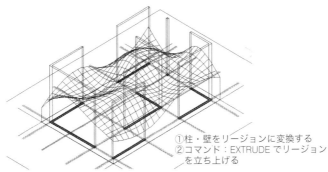

①柱・壁をリージョンに変換する
②コマンド：EXTRUDE でリージョンを立ち上げる

図 11-12　壁・柱を立ち上げる

(6) ダミーオブジェクトの複製を作成する

S_DUMMY を保管解除し、HOJO でダミーオブジェクトの複製を作成する（DUPC）。

(7) ダミーオブジェクトと壁体オブジェクトの共通部分を抜き出す

ダミーオブジェクトと壁体オブジェクトの共通部分を抜き出す（INTERSECT）。

屋根面（屋根の上面）より下部に位置する壁体オブジェクトを表すことになる。

(8) 壁体オブジェクトのレイヤを変更する

レイヤ S_WALL （水色）を新規作成し、壁体オブジェクトのレイヤを HOJO から S_WALL に変更する。

コマンド：INTERSECT を使って、
壁・柱オブジェクトと
曲面オブジェクトとの
共通部分を抜き出す

図 11-13　壁・柱オブジェクトと曲面オブジェクトとの共通部分を抜き出す

② 屋根の穴の作成

次に、屋根に円形の穴を開けよう。

(1) 一部のレイヤを一時保管する

　　 S_WALL 、 S_DUMMY を一時保管する。

　　現在レイヤを HOJO にセットし、 SOLFREEZE を実行すればよい。

(2) 平面上の円を複製する

　　平面に描かれている円を複製する（ DUPC ）。

(3) 複製した円を立ち上げる

　　全レイヤ非表示にして、円の複製を高さ 10m まで立ち上げる（ EXTRUDE ）。

(4) 屋根のレイヤを保管解除する

　　 S_ROOF を保管解除する。

(5) 屋根から円柱を差し引く

　　屋根オブジェクトから円柱をくりぬく（ SUBTRACT ）。

(6) レイヤ表示を変更する

　　 SOLTHAW および SOLON でソリッド図形のレイヤを保管解除、表示する。

　　レイヤ S_DUMMY は非表示にする。

　　レイヤ S_ROOF の色を緑（色番号 3）に変更する。

③ 屋根と壁の取り合いを調整する

ここまでで、ほとんど完成したが、壁体オブジェクトが屋根オブジェクトの厚みの中に貫入している。これは、ダミーオブジェクトが屋根の上面と地面との間の空間として作成されていたためである。壁体オブジェクトを屋根の下面で切断するには、壁体オブジェクトから屋根オブジェクトを差し引けばよい。そのまま差し引くと屋根オブジェクトが消滅してしまうので、屋根オブジェクトの複製を作成して、その複製を使って差し引く。

(1) 屋根オブジェクトを複製する

　　現在レイヤを HOJO にセットし、屋根オブジェクトの複製を作成する。

(2) 壁体から屋根を差し引く

　　壁体オブジェクトから屋根の複製オブジェクトを差し引く（ SUBTRACT ）。

だいぶ建物らしい形になってきた。地面や、建物内の床、ガラス・カーテンウォールなどを作り込んでゆけば、建物の 3 次元モデルとして完成する。

この状態で、 SHIFT キーとマウスの中ボタンを押し、マウスをドラッグさせて視線をダイナミックに動かして、建物各部をチェックしてみるとよい。

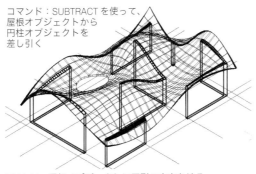

コマンド：SUBTRACT を使って、屋根オブジェクトから円柱オブジェクトを差し引く

図 11-14　屋根オブジェクトに円形の穴をあける

5 本章で導入した AutoCAD コマンド

コマンド名	機能・目的
標準コマンド	
LOFT	ロフテッド曲面を作成する
SURFU	U 方向のサーフェスの分割数を設定する
SURFV	V 方向のサーフェスの分割数を設定する
CONVTONURBS	プロシージャサーフェスを NURBS サーフェスに変換する
CVSHOW	制御点を表示する
CVHIDE	制御点を表示しない
SURFOFFSET	サーフェスをオフセットする
カスタム・コマンド	
VLINE（VLでも可）	XY 平面に垂直な線分を作成する

Column

NURBS とは

NURBS とはスプラインの上位の概念である。スプラインは 3 次多項式で記述される曲線・曲面であるが、NURBS は 3 次有理多項式で記述される。有理多項式とは多項式を多項式で割ったものである。一般的な 3 次多項式は $ax^3 + bx^2 + cx + d$ と書かれるが、3 次有理多項式は $(ax^3 + bx^2 + cx + d) / (a'x^3 + b'x^2 + c'x + d')$ と記述される。NURBS とは non-uniform rational B-spline（非一様有理 B- スプライン）の頭文字である。

単純な 1 枚のスプライン曲面であっても、16 の制御点を決める必要がある。NURBS 曲面のパッチの場合、16 の制御点に加えて、それぞれの点の「重み」と称するパラメータを調整しなければならなくなる。これは煩雑であるし、建築のモデリングでは必要性が薄い。AutoCAD に限らず、現在のモデラーでは、曲面は NURBS で記述されるのが一般的である。しかし、建築のモデリングでは、各制御点の重みがすべて 1 であるような NURBS 曲面、すなわちスプライン曲面を考えれば十分であろう。

フィッシャー邸 敷地のモデリング

曲面のモデリングを応用して、フィッシャー邸の敷地をモデリングしよう。

1 モデリングの準備

(1) 作業用のファイルを作成する

Chapter 8 で作成したフィッシャー邸の配置図「Fisher_House_site_plan.dwg」を開き、「Fisher_House_site_model.dwg」という別名で保存する。

(2) 曲面の分割数を設定する

あらかじめ、曲面の分割数をセットしておく。

U 方向の分割数を設定する。

> SURFU ENTER
> SURFU の新しい値を入力〈6〉：　→"24" と入力する。

V 方向の分割数も同様に入力する。

> SURFV ENTER
> SURFV の新しい値を入力〈6〉：　→"24" と入力する。

ソリッド立体の曲面の表示分割数もセットしておく。

> ISOLINES ENTER
> ISOLINES の新しい値を入力〈4〉：
> →既定値は 4 であるので、"48" などと入力する。

2 等高線の 3 次元化

(1) レイヤ表示を変更する

レイヤ CONTOUR（等高線（間隔は 300mm ピッチ））、SITE（敷地境界線・道路境界線）、MOJI（北側の川岸のレベルを±0とした地盤高さ）、HOJO 以外のレイヤを非表示にする（**図 12-1**）[*1]。

ワンポイント ＊1

以下の作業を行うとき、カスタム・コマンド集「mytools.lsp」をロードしておく。

① 現在レイヤを HOJO にセットする
② 拡張コマンド：DUPC を使って、等高線の複製を作成する

図 12-1　配置図での等高線の複製を作成する

(2) 作成する敷地モデルの範囲を決める

以下のようにモデルの境界線を設定し、描かれた矩形の範囲を敷地モデルの範囲としよう。

北西側・南東側：敷地境界線を複製して設定[*2]

南西側：道路境界線を 8m オフセットしたラインに設定

北東側：南西側の境界線を Y 方向に 80m オフセットしたラインに設定

この 4 本のラインを TEMP2 （緑）で描いておく。

(3) 川の両岸の等高線を複製する

現在レイヤを HOJO にセットし、DUPC で川の両岸の等高線（± 0）を複製する。

(4) 900mm 間隔の等高線を複製・新規作成する

同様に高さ方向に 900mm ピッチの等高線の複写を行う[*3]。等高線は作成する敷地モデルの矩形の範囲より、一回り大きく描いておく必要がある。＋6300mm の等高線は道路境界線で切れているので、新たに SPLINE で敷地境界線の外にはみ出す長さで描きなおしておく[*4]。

＋7200mm の等高線と、川の北東側の＋900mm の等高線も適宜作成する。

(4) 等高線に高さを与える

複製を作成した等高線の高さ（Z 値）は 0 である。

それぞれの等高線を、MZ で Z 方向に移動する。

(5) 等高線のレイヤを新規作成し切り替える

レイヤ CONTOUR_3D （黄、色番号 2）を新規作成し、作成した 3 次元の等高線のレイヤを HOJO から CONTOUR_3D に変更する（図 12-2）。

ワンポイント ＊2

敷地境界線のコピーには DUPC を使えば作業が効率的である。

ワンポイント ＊3

等高線の高さ方向の間隔を 300mm ピッチではなく 900mm ピッチとしたのは、細かすぎると生成される曲面がスムーズにならないからである。NURBS 曲線・曲面を扱うとき、できるだけ少数の制御点・参照点を使うようにすることが望ましい。

ワンポイント ＊4

オブジェクト・スナップの「近接点」を有効にして、すでに描かれている等高線の線上をなぞれるようにするとよい。

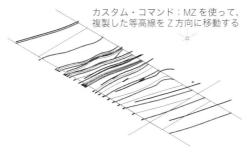

カスタム・コマンド：MZ を使って、
複製した等高線を Z 方向に移動する

図 12-2　複製した等高線を、高さ方向に移動する

3　等高線を断面線とする曲面の生成

次に、LOFT を使って、作成した 3 次元の等高線を断面線にするような曲面を生成する。

(1) レイヤを変更する

現在レイヤを TEMP3 （水色）に設定する。

(2) 曲面を作成する

LOFT で曲面を作成する。3 次元の等高線を順次選択してゆけばよい[*5]。

(3) NURBS 曲面に変換する

生成された曲面を NURBS 曲面に変換する（CONVTONURBS）（図 12-3）。

ワンポイント ＊5

選択し終えたら ENTER キーを 2 度押すことに注意。

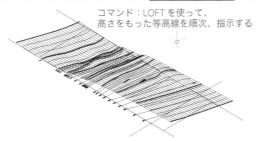

コマンド：LOFT を使って、
高さをもった等高線を順次、指示する

図 12-3　高さをもった等高線を断面線とするようなロフテッド曲面を生成する

Chapter
12

フィッシャー邸 敷地のモデリング

4 地形を表すソリッド立体の作成

作成した曲面でソリッド直方体を切断し、等高線のソリッド立体を作成しよう

(1) レイヤを変更する

現在レイヤを HOJO にセットする。

(2) 直方体を作成する

敷地モデルの範囲を示す矩形（ TEMP2 ）を底面とし、高さ 20m の直方体を作成する（ BOX ）。

(3) 直方体の高さ位置を変更する

等高線は川岸のレベルが±0なので、川面のレベルはマイナスの値になる。

直方体ボックスのレベルを 10m 下げておく（ MZ ）。

すなわち、直方体ボックスの底面のレベルは－10000mm である。

(4) 直方体を曲面で切断する

直方体を NURBS 曲面（ TEMP3 ）で切断する（ SLICE ）。

コマンド・オプション「サーフェス（S）」を使う。

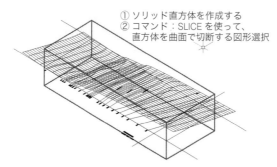

① ソリッド直方体を作成する
② コマンド：SLICE を使って、直方体を曲面で切断する図形選択

図 12-4　ソリッド直方体をロフテッド曲面で切断する

(5) 地形のレイヤを新規作成し切り替える

S_LAND （黄、色番号 2）を新規作成し、作成された地形ソリッドのレイヤを HOJO から S_LAND に変更する（**図 12-5**）。

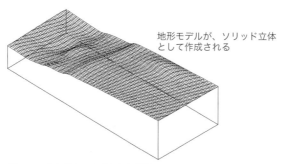

地形モデルが、ソリッド立体として作成される

図 12-5　等高線から生成された地形モデル

5 | 川の修正

次に、川を表す部分を作成しよう。

(1) レイヤ表示を変更する

地形ソリッドのレイヤ S_LAND と NURBS 曲面が描かれているレイヤ TEMP3 を非表示にする。

(2) 現在レイヤを変更する

現在レイヤを HOJO にセットする。

(3) 川の境界線を抽出しリージョンを作成する

平面図上での等高線（ CONTOUR ）と地形ソリッドの範囲を示す矩形（ TEMP2 ）とを使って、川部分の境界を抽出する。

> BPOLY ENTER *6
> →「境界抽出」ウインドウが開くので、プルダウン・メニューから「リージョン」を選択し、川の内部の点をクリックする。境界を確定させて ENTER キーを押せば、リージョンが作成される。

ワンポイント ＊6

BPOLY は内部の点をクリックすることで境界をポリラインとして抽出するコマンドである。境界をリージョンとして作成することもできる。

(4) 川部分のリージョンを立ち上げる

作成されたリージョンを、高さは 20m で立ち上げる（ EXTRUDE ）。

(5) 立ち上げた川部分のソリッドを移動する

作成された川部分のソリッド立体を、Z 方向に－10m 移動する（ MZ ）（図 12-6）。

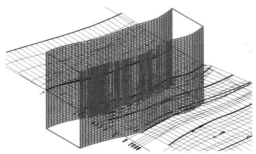

① 小川の部分の等高線を利用してリージョンを作成する
② コマンド：EXTRUDE を使ってリージョンを立ち上げる
図 12-6　小川の部分の修正

(6) 川部分のソリッドを複製する

川自体のソリッド立体を作成するために複製を作成しておく（ DUPC ）。

(7) 地形のソリッドから川部分のソリッドを差し引く

地形のソリッド立体から川部分のソリッド立体（ HOJO ）を差し引く（ SUBTRACT ）（図 12-7）。

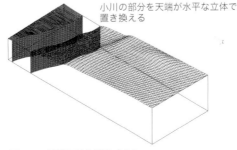

小川の部分を天端が水平な立体で置き換える

図 12-7　地形モデルが完成する

Chapter 12

フィッシャー邸 敷地のモデリング

(8) 川自体のソリッドを作成する

川の水面のレベルは−500mm とする。

川部分のソリッド立体（ HOJO ）を高さ 9500mm の位置にコピーする（ CPZ ）。
初めにあったソリッド立体から、コピーしたソリッド立体を差し引けば、川自体
を表すソリッド立体が完成する。

(9) 川自体を表すレイヤを新規作成し切り替える

レイヤ S_WATER （水色）を新規作成し、川自体を表すソリッド立体のレイヤを
HOJO から S_WATER に変更する。

以上で、敷地のモデルは完成した。このあたりで、ファイルを上書き保存しよう。

---

6 敷地モデルと建物モデルの統合

続いて、**Chapter 10** で作成した建物のモデルを敷地モデルにはめ込もう。

① 建物モデルの複合図形としての書き出し

建物のモデルを敷地モデルにはめ込むには、「複合図形」のファイル書き出し（ WBLOCK ）
と挿入（ INSERT ）の機能を使う[7]。

ワンポイント ＊7

詳しくは **Chapter 5** を
参照。

(1) 建物モデルのファイルを開く

「Fisher_House_model_1.dwg」を開く。

図 12-8 は建物のモデルをアイソメ表示したものである。

ソリッド図形と基準線以外は非表示にしてある。

このモデルでは 1 階の床レベルが XY 平面（Z ＝ 0）である。

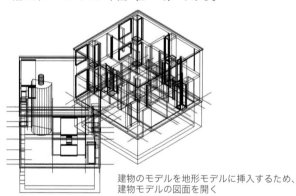

建物のモデルを地形モデルに挿入するため、
建物モデルの図面を開く

図 12-8　既に完成している建物本体の 3 次元モデル

(2) 平面図表示に切り替える

基準線の交点を拾いやすいよう、平面図表示に切り替える（**図 12-9**）。

←挿入基点

①平面図表示にする
②コマンド：WBLOCK を使って、
　建物モデルを複合図形としてファイルに書き出す

図 12-9　3 次元モデルを複合図形としてファイルに書き出す

(3) レイヤ表示を変更する

すべてのソリッド図形のレイヤと基準線を表示し、それ以外のレイヤを非表示にする。

(4) ソリッド図形と基準線を複合図形として書き出す

書き出しする図形は、すべてのソリッド図形と基準線とする。

ファイル名は「house.dwg」とする。

> WBLOCK ENTER
>
> →「ブロック書き出し」ウインドウが開かれたら挿入基点を指示し、オブジェクト（図形）を選択し、ファイル名を記せば、ファイルとして書き出される。
>
> 挿入基点はリビング・キューブの基準線の西側の交点（図で下側）にセットする。

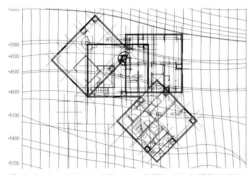

①コマンド：INSERT を使って、地形モデルに建物モデル（複合図形）を
　挿入する
②コマンド：ROTATE を使って、挿入された複合図形を回転する

図 12-10　地形モデルに建物本体のモデルを挿入する

② 敷地モデルへの建物モデルの挿入

(1) 敷地モデルを表示する

ファイル・タブ Fisher_House_site_model を押して、敷地モデルを表示する。

(2) 一部のレイヤを一時保管する

S_LAND （ソリッド図形）、 S_WATER 、 TEMP3 （NURBS 曲面）、 CONTOUR_3D （3 次元等高線）、 IMAGE （等高線をトレースしたときに使用した画像）を一時保管する。

(3) 基準線のレイヤを切り替える

配置図には基準線が描かれているが、挿入する複合図形にも基準線が描かれている。挿入後に基準線が重複してしまうので、配置図にある基準線は HOJO に変更しておく。

また、オブジェクト・スナップは交点を拾えるように有効にしておく。

(4) 建物の複合図形を挿入する

「house.dwg」を挿入する（ INSERT ）。

INSERT ENTER
→「ブロック挿入」ウインドウが開かれる。「参照」ボタンを押し、「ファ
　イル選択」ウインドウが開いたら、「探す場所」を選択し、ファイル
　「house.dwg」を選択する。
「挿入位置」は「画面上で指定」にチェックを入れる。
「分解」はチェックしない。

以上の設定で OK ボタンを押す。

リビング・キューブの左下の基準線の交点を基点にして挿入する。挿入した複合図形
は、まだ分解しないでおく。

③ 建物モデルの回転・移動

（1）挿入した複合図形を回転する

挿入した複合図形は45°回転して配置されているので、−45°回転する（ ROTATE ）。
回転の基点は、リビング・キューブの左下の基準線の交点とする。

（2）挿入した複合図形を Z 方向に移動する

敷地モデルでの 1FL は＋ 6340mm のレベルだが、挿入した図形の 1FL は±０で
ある。

挿入した図形を Z 方向に 6340mm 移動する（ MZ ）（図 12-11）。

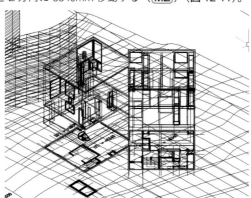

① 建物モデルの Z＝0 は 1FL である
② 地形モデルで 1FL は、Z＝6340 である
③ 拡張コマンド：MZ を使って、建物モデルを Z 方向に 6340 移動する
図 12-11　建物本体のモデルを所定の高さまで、Z 方向に移動する

④ 地形部分の調整

（1）側面図表示に切り替える

側面図表示で高さ関係を確かめてみよう（図 12-12）。

ビュー・キューブを使って、左側面図を表示する

図 12-12　左側面図を表示して高さを確認する

(2) 建物外形のソリッドを作成する

建物の基礎の内部に地形が入り込んでいるので、その部分を修正する。

まず、ソリッド図形のレイヤを一時保管し、平面図上で建物の外周を HOJO でなぞり、リージョンを作成し、10m の高さで立ち上げる。

基礎下端のレベルは＋3450mm なので、立ち上がった建物の外形（ HOJO ）を Z 方向に 3450mm 移動する。

(3) 地形のソリッドから建物外形のソリッドを差し引く

S_LAND を保管解除し、(2) で作成した建物の外形をあらわすソリッド（ HOJO ）を地形ソリッドから差し引く（**図 12-13**）。

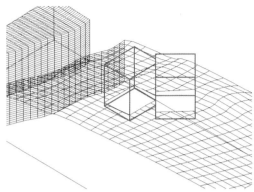

① 平面図で、地階の外周を補助線でなぞり、リージョンを作成する
② リージョンを立ち上げてソリッドとする
③ ソリッドを高さ方向に移動する
④ 地形モデルからソリッドを差し引く
図 12-13　地形から建物の基礎部分をくりぬくためのオブジェクトを作成する

(4) 一時保管したレイヤを保管解除する

一時保管されたソリッドのレイヤを保管解除する。カスタム・コマンド SOLTHAW を使えば簡単である。レイヤ・プルダウンを用いて一時保管（フリーズ）されたレイヤを 1 つずつ保管解除してもよい。

⑤ 建物モデルの分解と調整

(1) 建物モデルを分解する

複合図形の状態にある建物のモデルを分解する（ EXPLODE ）。

(2) 基準線を移動する

複合図形に付属していた基準線は空中に浮いた状態なので、Z 方向に-3450mm 移動する（ MZ ）。

あわせて、 HOJO に変更しておいた、元々の敷地図の基準線は削除しておく。

カスタム・コマンド DELHOJO を使えば、すべての補助線を一括して削除することができる。

ここまでの作業で敷地と建物が統合されたモデルが完成した（図 12-14）。

ファイルを上書き保存しておく。

SHIFT キーとマウスの中ボタンを使って、視線をダイナミックに変化させ、様々な角度からモデルをチェックしてみよう。

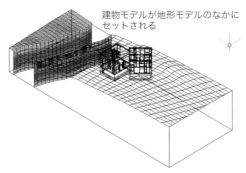

建物モデルが地形モデルのなかに
セットされる

図 12-14　建物が地形の中に配置される

7　点景の作成

建物と敷地のモデリングが完成したら、樹木や人間などの点景を加えよう。

ここでは、付録ファイル「tree.dwg」「man_1.dwg」「man_2.dwg」「man_3.dwg」というモデルを使ってみよう。

複合図形（ブロック）として挿入することが可能である（ INSERT ）。

① 樹木の挿入

「tree.dwg」を開いてみよう[*8]（図 12-15）。

幹は TREE1 （黄）、葉は TREE2 （緑）というレイヤで、全体の高さは約 10.5m ある。これを敷地と建物のモデルに挿入しよう。

レイヤ：TREE2

レイヤ：TREE1

複合図形 tree.dwg のアイソメ図
樹木の幹や葉が「3DFACE（3 次元面）」
で作成されたサーフェス・モデルである

図 12-15　樹木のサーフェス・モデル

（1）現在レイヤを設定する

現在レイヤを TEMP1 などに設定する[*9]。

オブジェクト・スナップは OFF（無効）にしておく。

画面はビュー・キューブで平面図（上面図）表示にセットしておく。

（2）樹木モデルを挿入する

「tree.dwg」を挿入する（ INSERT ）。

> INSERT ENTER
>
> →「ブロック挿入」ウインドウが開かれる。「参照」ボタンを押し、「ファイル選択」ウインドウが開いたら、「探す場所」を選択し、ファイル「tree.dwg」を選択する。
>
> 「挿入位置」は「画面上で指定」にチェックを入れる。
>
> 「分解」はチェックしない。

以上の設定で OK ボタンを押し、図面の余白部分の適当な位置に挿入する。

挿入した複合図形は分解しないでおく。

(3) 敷地モデルに樹木を複製する

余白部分に挿入した樹木オブジェクトを敷地モデルにコピーする（COPY）。

位置や本数は任意である。

図 12-16 は、コピーし終えたようすを示す（平面図表示）。

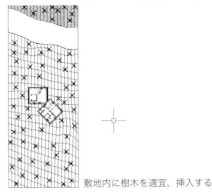

敷地内に樹木を適宜、挿入する

図 12-16　建物の周囲に樹木を配置する

② 樹木の調整

ビュー・キューブを使って左側面図を表示しよう。樹木は、元の複合図形「tree.dwg」の座標原点の Z 座標が挿入先の図面の Z 座標（Z ＝ 0）になっているので、空中に浮いたり、地面に埋まったりしている。

それぞれの樹木を Z 方向に移動する必要がある。

(1) UCS を設定する

現在見ている視線に UCS を設定する（UCS）。

> UCS ENTER
> 原点を指定 または ［… ビュー（V）　ワールド（W）…］〈ワールド〉：
> →"V" と入力し、ENTER キーを押す。

この操作でユーザ座標系が現在のビュー（左側面図）に設定される。

(2) 樹木を移動する

それぞれの樹木オブジェクトの鉛直方向への移動を行う（MOVE）。

オブジェクト・スナップは OFF（無効）にし、直交モードは ON に設定しておく。

移動の基点、目的点は適宜指定すればよい（図 12-17）。

カーソルの移動は直交方向に拘束されている。

挿入された樹木の挿入基点の高さは Z=0 であるから、
側面図表示にして、地形にあわせて高さを修正する

図 12-17　左側面図にて、樹木の高さを修正する

(3) 樹木を分解する

すべての樹木の移動が終了したら、樹木オブジェクトを分解する（ EXPLODE ）。
ソリッド・オブジェクトを非表示にしておくとよい（ SOLOFF ）。
分解後に、 SOLON でソリッド・オブジェクトを表示したようすが、図 12-18 である。

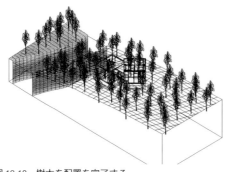

図 12-18　樹木を配置を完了する

③ 人物の配置

次に人物を配置しよう。
人物は「man_1.dwg」「man_2.dwg」「man_3.dwg」という 3 つの複合図形である。
レイヤ MAN1 に 3DFACE を使って人物が作成されている。
いずれの人物も、シルエットを表現する目的で、板状であり、厚さをもたない。
樹木と同様に挿入すればよい。
ここでは、NURBS 曲面で構成される傾斜地の上に人物を配置するために、3D オブジェクト・スナップという機能を使う。

(1) 3D オブジェクト・スナップを有効にする

曲面の近接点（面上の点）をスナップするために、3D オブジェクト・スナップを有効にする。

> 3DOSNAP ENTER
> →「作図補助設定」ウインドウが開く。「面の近接点」にチェックを入れ、「3D
> 　オブジェクト・スナップ オン（O）」にチェックを入れる。
> 　OK ボタンを押して、ウインドウを閉じる。

この操作で面の近接点をスナップすることができるようになる。

(2) 一部レイヤを非表示にする

S_LAND （地形）と TREE1 （樹木の幹）以外を非表示にする。

(3) 人物を挿入する

①-(2) と同様のプロセスで「man_1.dwg」「man_2.dwg」「man_3.dwg」を挿入する（ INSERT ）。
挿入基点は曲面上の適当な位置を指定する。
この時点では分解しないこと。

(4) 人物をコピーする

挿入したオブジェクト（人物）をコピーする（ COPY ）。
コピーの基点は、もとのオブジェクトの「挿入基点」を指定する。
「基点を指定」と聞かれたときに、キーボードで "ins"（insert の略）と打ってから、人物の足元を指示する。
目的点には曲面上の適当な位置を指定する。

(5) 人物の複合図形を分解する

すべての人物をコピーし終えたら、MAN1 以外を非表示にして、複合図形（人物）を分解する（EXPLODE）（図 12-19）。

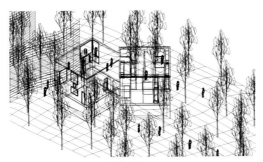

樹木と同様にして、人物（man_1.dwg、man_2.dwg、man_3.dwg）を適宜、配置する

図 12-19　建物の周囲に人物を配置する

樹木と人物を配置し終えたら、全体を見てみよう。

図 12-20 は、すべてのソリッド・レイヤとレイヤ TREE1、TREE2、MAN1 を ON にし、それ以外を OFF（非表示）にしたようすである。

SHIFT キーとマウスの中ボタンを使って、ダイナミックに視点を回転させている。

ここまでできたら、ファイルを保存しよう。

次章では、このモデルをレンダリングしてみる。

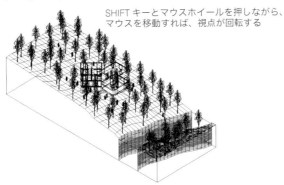

SHIFT キーとマウスホイールを押しながら、マウスを移動すれば、視点が回転する

図 12-20　視点を回転して、各部をチェックする

8　本章で導入した AutoCAD コマンド

コマンド名	機能・目的
標準コマンド	
3DOSNAP	3 次元オブジェクト・スナップを設定する
BPOLY	境界を抽出する

フィッシャー邸のレンダリング

レンダリングとは、3次元モデルを利用して2次元の透視図を作成することをいう。
レンダリングは一般的に、次のステップを踏む。

[1] 3次元モデルを作成する

[2] カメラをセットし、視点、画角を決める

[3] 光（太陽光、点光源、スポットライトなど）をセットする

[4] オブジェクトに色や素材（マテリアル）を割り当てる

[5] レンダリングを実行する

[6] 作成された画像ファイルを、画像編集ソフトウェアで加工する

1 モデルの作成と準備

Chapter 12 で完成したフィッシャー邸のモデルをレンダリングする前に、簡単なモデルを題材にして AutoCAD のレンダリングに習熟しよう。

(1) 図面を新規作成する

AutoCAD を起動し、図面を新規作成する。

テンプレート・ファイルは「waku_a3_100.dwt」を使う。

(2) 4つのオブジェクトを作成する[*1]

新規図面を開いたら、**図 13-1** のように平坦な地面の上に、以下の4つのオブジェクトを作成しよう。

> **ワンポイント *1**
>
> 直方体の作成は BOX、円錐の作成は CONE を使う（**Chapter 9**）。

オブジェクト	平面寸法	レベル	高さ	レイヤ
地面	図面枠の大きさ	上面が±0	自由	HARI（水色）
直方体①	自由	下面が±0	自由	KABE（白）
直方体②	自由	下面が±0	自由	MAJIKRI（黄）
円錐	自由	下面が±0	自由	STAGE（緑）

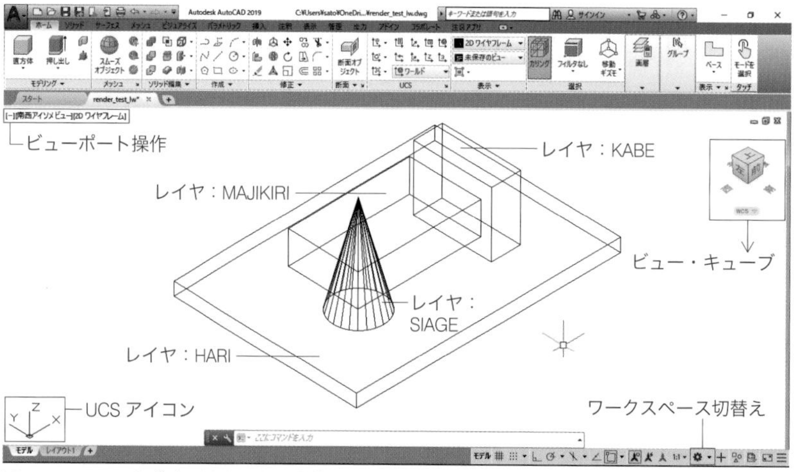

図 13-1 4つのオブジェクトからなる単純なモデルを作成する

(3) 曲面の分割表示数を設定する

ソリッド曲面の分割表示数をあらかじめ 24 に設定する（ISOLINES）。

設定が完了したら、図面を再作図する（REGEN）。

(4) 図面を保存する

「render_test.dwg」という名前で保存しよう。

(5) ビューを変更する

レンダリング作業が行いやすいように、ビューポートを4分割しよう。

作図画面左上の［-］をクリックし、「ビューポート設定一覧」「4分割：等分」を選択して、以下のように設定しよう[*2]。

  左上：平面図（上面図）

  左下：正面図

  右上：アイソメ図

  右下：左側面図

(6) プロパティ・ウインドウを出す

カメラの画角や光源の強度を修正するために、プロパティ・ウインドウを常に表示しておいたほうがよい（PROPERTIES）。

(7) ワークスペースを変更する

作図領域右下の「歯車」アイコンを押し、ワークスペースを「3Dモデリング」にセットする（図13-2）[*3]。

ワンポイント ＊2

下の左側面図と正面図は、ユーザー座標系を「ビュー（V）」に合わせておく（UCS）。そうすれば、作成するカメラや光源などのオブジェクトの移動が、側面図や正面図では、高さ方向に抑制される。平面図とアイソメトリック図はワールド座標系のままでよい。

ワンポイント ＊3

コマンドラインでコマンド名は自動的に補完される。しかし、レンダリング関係のコマンド名は長いものが多い。上部リボンのコマンド・アイコンにも慣れるようにしよう。レンダリングに関わるコマンド・アイコンは「ビジュアライズ」タブのなかに集められている。

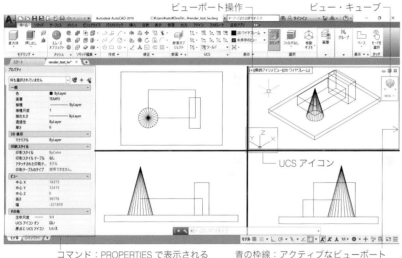

コマンド：PROPERTIES で表示される 青の枠線：アクティブなビューポート

図13-2　ビューポートを分割し、平面図、立面図、アイソメ図を表示する

2　カメラの設置

① カメラの配置

平面図上の高さ±0の地点に、レンズ長50mmの標準カメラをセットしよう。

直交モードとオブジェクト・スナップはOFFにしておく。

平面図のビューポートをアクティブにしておく。

(1) カメラをセットする

カメラを作成するコマンドは CAMERA である[*4]。

> CAMERA ENTER
>
> カメラの位置を指定：→適当な位置でクリックする。
>
> 目標の位置を指定：　→適当な位置でクリックする。
>
> オプションを入力［… 終了（X）］〈終了〉：
>
> →レンズ長などのオプションは後から修正するので、ここでは ENTER キーを押して、終了する。

ワンポイント ＊4

上部リボンのタブで「ビジュアライズ」を選択し、「カメラ作成」アイコンを押すことでも起動する。

Chapter 13

フィッシャー邸のレンダリング

(2) カメラの視線を表示する

それぞれのビューにカメラのアイコンが表示される。

右上のアイソメ図の左上の[カスタム ビュー]を押して、「カスタムモデルビュー」「カメラ1」を選択すると、ビューポート内の画面が、カメラ1からの視線に置き換わる。

② カメラ位置などの確認・変更

●プレビュー

カメラをクリックすると、カメラの視野角などが表示される。

同時に「カメラのプレビュー」ウインドウが開く。

●位置の変更

位置の変更は、平面図や側面図など、それぞれのビューポートで行う。

カメラをクリックすると、カメラ位置、目標点、カメラと目標の中間点の3カ所に青色のグリップが表示される。

それらのグリップを使って、位置を変更することができる。

側面図をアクティブにして、カメラの高さを変更してみよう。

カメラの位置を変更すると、「カメラのプレビュー」にリアルタイムで表示される。

●レンズ長の変更

カメラのレンズ長はプロパティ・ウインドウで調整する。

既定値は50mmである。

「レンズ長」を50mmから35mmに変更しよう。

2つの直方体と1つの円錐が「カメラのプレビュー」画面に収まるように、カメラ位置を調整する。

画角を決定したら、再度、右上のビューポート内の左上の[カスタム ビュー]を押して、「カスタムモデルビュー」「カメラ1」を選択する[*5]。

そのビューの視点がカメラ1の視点に置き換わる。

ワンポイント ＊5

「カメラのプレビュー」と右上のビューポートは連動していない。カメラの位置やレンズ長などを変更したら、この手順で再設定する必要がある。

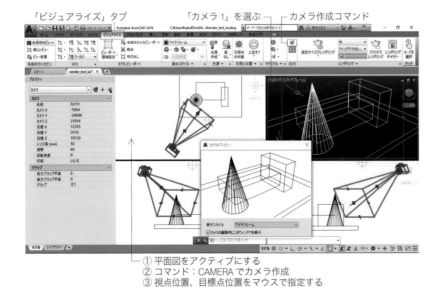

① 平面図をアクティブにする
② コマンド：CAMERA でカメラ作成
③ 視点位置、目標点位置をマウスで指定する

図 13-3　カメラを配置する

3 レンダリング

カメラをセットしたら、ここでレンダリングしてみよう。

レンダリングするコマンドは RENDER である。

右上のビューポート（「カメラ1」）をアクティブにして以下を入力すれば、レンダリング・ウインドウが開いて、レンダリングが開始される[*6]。

RENDER ENTER

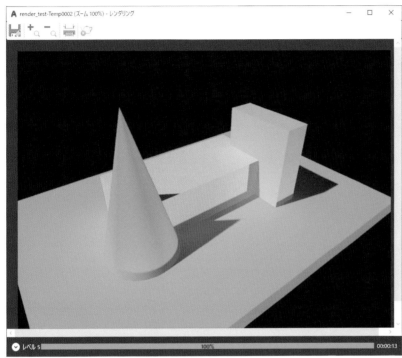

図 13-4　カメラをセットしたら、レンダリングする

4 光源の設定

デフォルトの光源は光や影の向きを調整することができない[*7]。

そこで、光源を自らセットしてみよう。

① システム変数の設定

光源を作成する前に、以下の3つのシステム変数を設定する必要がある。

DEFAULTLIGHTING ENTER

DEFAULTLIGHTING の新しい値を入力 〈1〉：

　　→デフォルトの光源を使わないので、"0"と入力

LIGHTINGUNITS ENTER

LIGHTINGUNITS の新しい値を入力 〈0〉：　→"2"と入力する[*8]。

UNITS ENTER

　　→「単位管理」ウインドウが開くので、「挿入尺度」の項目を「単
　　　位なし」から「ミリメートル」に変更し、OKボタンを押す[*9]。

ワンポイント ＊6

キーボードで RENDER と入力する代わりに、上部リボンで「ビジュアライズ」を選択し、「指定サイズでレンダリング」アイコンを押しても起動する。指定サイズとは、デフォルトでは横 800 ×縦 600 ピクセル（画素）の大きさの画像を出力することを意味する。指定サイズなどの設定を変更するには RPREF と入力する。「レンダリングプリセット管理」ウインドウが開き、サイズやレンダリング精度を設定できる。ここでは、とりあえず初期値のまま変更しないでおく。

ワンポイント ＊7

まだ光源を設定していないのにレンダリングできたのは、デフォルトの光源（遠隔光源）があらかじめセットされているからである。AutoCAD の現在のレンダラーでは、すべての光源が影を生成することに注意しよう。逆に言えば、影を作らない光源を作成することができない仕様になっている。

ワンポイント ＊8

国際規格の照度単位が使用される。"1"と入力すると米国規格の照度単位になる。"0"は AutoCAD2017 以降のレンダラーでは使用できない。

ワンポイント ＊9

AutoCAD の光源は、減衰を計算する。オブジェクトと光源との距離が、オブジェクトの尺度単位に合っている必要がある。この欄が「メートル」になっていると、光が減衰しすぎて、オブジェクトに光があたらず、真っ黒な画面となる。

Chapter 13 フィッシャー邸のレンダリング

② 光線の向きをあらわす線分の作図

遠隔光源は平行光線を発する光源で、光線の向きを指定する必要がある。

以下の手順で、光の向きを示す直線を 1 本描こう。

（1） 地面に垂直な線分を描く

現在レイヤを KIJUN にセットし、オブジェクト・スナップを有効にする。

> [VLINE] [ENTER]
> [gv_height 〈1000.0〉：] →"10000"と数値入力する。
> [点を指定：] →マウスで、図面枠の左下（座標（0,0,0）の点）を指定する。
> [点を指定：] →[ESC]キーを押す。

始点（0,0,0）から終点（0,0,10000）への線分が作成される[*10]。

（2） 終点の位置を回転する

作成した線分をマウスでクリックすると、始点、中点、終点にグリップが表示される。左側面図や正面図で線分の終点のグリップを選択し、太陽光線の向きを想定しながら、終点の位置を回転する。

ワンポイント ＊10

この操作はカスタム・コマンドを使わなくても、[LINE]で始点を"0,0,0"と、終点を"0,0,10000"と数値入力することでも可能である。

③ 光源（遠隔光源）の作成

光源を作成するコマンドは[LIGHT]である。

> [LIGHT] [ENTER]
> [光源の種類を入力［点（P） スポット（S） … 遠隔（D）]〈フリースポット〉：]
> →遠隔光源を作成するので、"D"と入力する。
> [光源元の位置を指定〈0,0,0〉または［ベクトル（V）］：]
> →マウスで、描いた線分の終点（光線ベクトルの始点）を指定する。
> [光源を当てる先の方向を指定〈1,1,1〉：]
> →マウスで、描いた線分の始点（光線ベクトルの終点）を指定する。
> [変更するオプションを入力［… 終了（X）]〈終了〉：]
> →"X"と打つか[ENTER]キーを押して終了する。

この操作で遠隔光源が設定される[*11]。

ワンポイント ＊11

他の光源、例えば点光源などの場合は、作成すると作図画面に光源を示す図形が現れる。しかし、遠隔光源の場合は表示されない。

④ 光源のプロパティの変更

遠隔光源のプロパティを変更するには、[LIGHTLIST]で光源リストを表示して、該当する遠隔光源を選択する。

> [LIGHTLIST] [ENTER]

「モデルの光源」ウインドウが開く。「遠隔光源 1」という光源がリストにあるので、選択する。プロパティ・ウインドウに「遠隔光源 1」のプロパティが表示される。

「オン／オフの状態」の欄で、この光源を使用するかどうかを選べる。

強度係数は既定値が 1 であるが、10 や 100 などと強度を上げることができる。

光の色なども変更できるが、さしあたり既定値でよいだろう。

⑤ レンダリング

光源が作成されたら、レンダリングしてみよう。右上のビューポート内の左上の［カスタム ビュー］を押して、「カスタムモデルビュー」「カメラ 1」を選択する。

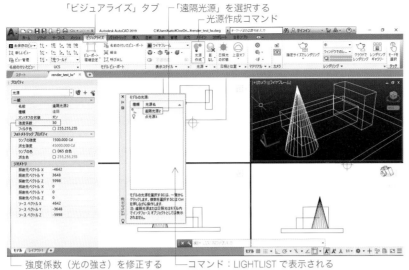

「ビジュアライズ」タブ　　「遠隔光源」を選択する
　　　　　　　　　　　　光源作成コマンド

── 強度係数（光の強さ）を修正する　　── コマンド：LIGHTLIST で表示される

図 13-5　光源の作成

␣␣`RENDER` `ENTER`

レンダリング・ウインドウが開かれて画像が作成される。

太陽光線の向きに修正が必要な場合は、`KIJUN` で描いた線分の向きを調整し、`LIGHT`
で再度、遠隔光源を作成すればよい。

遠隔光源 2、3 などという名前で新しい光源が作成される。不要な光源は削除するか、
プロパティ・ウインドウで OFF にする。

デフォルトの光源とは異なった太陽光線でレンダリングされた[*12]。

ワンポイント ＊12

デフォルトの光源は 2
灯使われているようで
ある。

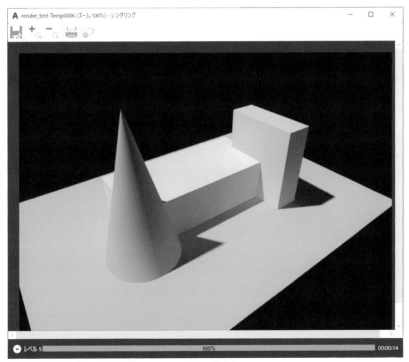

図 13-6　自ら設定した光源を使って、レンダリングする

Chapter
13

フィッシャー邸のレンダリング

⑥ 点光源の作成

点光源もコマンド $\boxed{\text{LIGHT}}$ で作成することができる[13]。
平面図のビューポートをアクティブにしておく。

> $\boxed{\text{LIGHT}}\boxed{\text{ENTER}}$
> $\boxed{\text{光源の種類を入力 ［点（P） スポット（S） … 遠隔（D）]〈フリースポット〉：}}$
> →"P"と入力する。
> $\boxed{\text{ソースの位置を指定〈0,0,0〉：}}$ →平面図上で点光源の設置位置を指定する。
> $\boxed{\text{変更するオプションを入力 ［… 終了（X）]〈終了〉：}}$
> →"X"と打つか $\boxed{\text{ENTER}}$ キーを押して終了する。

点光源を表す図形（円形＋十字）が表示される。
左側面図か正面図で点光源の高さを変更する。

ワンポイント ＊13

あるいは、上部のリボンで「光源作成」ボタンを押し、「点」を選択すればよい。

⑦ 点光源の強度設定

点光源から光が当たる面までの距離が大きいと、点光源の効果はほとんどなくなってしまう[14]。
プロパティ・ウインドウで強度係数を 100 くらいに設定すると、効果が表れてくる。
とりあえず、点光源は OFF にしておく。

ワンポイント ＊14

遠隔光源以外の光源はすべて、距離の逆二乗に比例して減衰する。

5　レイヤの整理

このモデルには、使われていないレイヤが多く存在する。
マテリアルの割り付けを行う前に、使われていないレイヤ名を削除して整理しておく。

> $\boxed{\text{PURGE}}\boxed{\text{ENTER}}$
> →「名前削除」ウインドウが開くので、「すべて名前削除」ボタンを押す。

この操作で、使われていないレイヤがすべて削除される。
使われていないレイヤだけでなく、使われていない複合図形（ブロック）や使われていないマテルアルも削除されることに注意しよう。

6　マテリアル（素材）の割り当て

① マテリアル・ブラウザ

オブジェクトにはまだマテリアルが割り当てられていない。
そのため、レイヤで指定された色がそのままオブジェクトの色としてレンダリングされている。
マテリアルを準備・設定するためには、マテリアル・ブラウザとマテリアル・エディターを使う。
マテリアル・ブラウザを開くには、リボンの「マテリアル・ブラウザ」アイコンを押すか、$\boxed{\text{MATBROWSEROPEN}}$ と入力する（図 13-7）。
マテリアル・ブラウザの上段は「ドキュメントのマテリアル」で、現在編集中の図面ファイルでオブジェクトに割り当てることが可能なマテリアルの一覧である。
"Global" 以外には設定されていない。
下の欄には使用可能な Autodesk ライブラリの一覧が示されている。
ガラスやコンクリート、サイディングなど多様なマテリアルが用意されている。

使いたいマテリアルをライブラリから選んで、上段の「ドキュメントのマテリアル」
に登録すれば、登録されたマテリアルをオブジェクトに割り当てることが可能になる。

② マテリアルの作成

まず、色と反射率、透明度のみの単純なマテリアルを作成して、それらをオブジェク
トに割り当ててみよう。

(1) マテリアル・ライブラリの下の欄の左側で「その他」を選択し、右側で「既定」
   にマウスカーソルをかざす。

(2) 右端に「矢印」のアイコンと「矢印＋ペン」のアイコンが現れる。

(3) 「矢印＋ペン」のアイコンを選択すると、マテリアル・ブラウザの上の欄に「既
   定」のマテリアルが追加され、同時にマテリアル・エディターが開き、「既定」
   マテリアルを編集できるようになる。

このように「既定」マテリアルを編集することで新しいマテリアルを作成することがで
きる。または、マテリアルの新規作成ボタンを押すことで、新しいマテリアルを定義
してもよい。

図 13-7　マテリアル・ブラウザを開く

フィッシャー邸のレンダリング

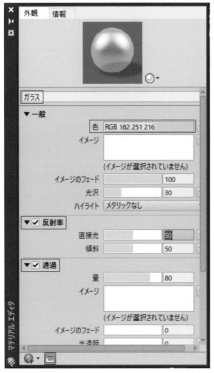

マテリアルを新たに作成する場合は、
「名前」「色」「反射率」「透過」を設定する

図 13-8　マテリアル・エディタでマテリアルを編集する

作成したマテリアルはドキュメントに登録される

「既定」を編集して、ドキュメントに
加えることも可能

図 13-9　マテリアルを作成し、ドキュメントに登録する

③ マテリアルの編集

黄色のマテリアルを作成してみよう。

(1) マテリアル・ブラウザで「既定」のマテリアルを上段の「ドキュメントのマテリアル」に追加する。

(2) マテリアル・エディターで、名前を「既定」から「黄色」に変更する。

(3) 「色」欄の右側のボタンを押して「色を編集」を選択する。

(4) 「色選択」のウインドウが開くので、カラーピッカーで赤と黄の中間の色を選び、さらに明るさを 40 程度と入力し、OK ボタンを押す。

(5) マテリアル・エディターに戻り、反射率の左側の四角内にチェックを入れ、反射率を 10 にセットする。透過は設定しない。

同様にして、明るい「グレー」と「緑灰色」のマテリアルを作成する。

グレーは反射率を 40 程度に、緑灰色は彩度を落とし、反射率は設定しない。

いずれも透過率は設定しない。

次に「ガラス」を作成してみよう。色は青緑、明るさは 85 に設定する。

反射率は 50、透過は 80 程度に設定してみよう。

ここまでで、マテリアル・ブラウザの上の段には、「ガラス」「グレー」「黄色」「緑灰色」と 4 つのマテリアルが作成された。

④ マテリアルの割り当て（アタッチ）

マテリアルが準備できたら、オブジェクトにマテリアルを割り当てよう。

オブジェクトごとにマテリアルを割り当てる方法もあるが、ここではレイヤごとに一括して割り当てる。

(1) 上部のリボンで「マテリアル」を押し、「画層ごとにアタッチ」をクリックする[15]。

(2) 「マテリアルのアタッチに関するオプション」ウインドウが開く。

(3) 下表の通りに、オプションウインドウの左の欄のマテリアルを右側のレイヤにドラッグして割り当てる[16]。

ワンポイント ＊15

あるいはコマンドラインで `MATERIALATTACH` と入力すればよい。

ワンポイント ＊16

レイヤにマテリアルがアタッチされると右側に付く×印は「アタッチ解除」ボタンである。

オブジェクト	レイヤ	マテリアル
地面	HARI	緑灰色
直方体①	KABE	グレー
直方体②	MAJIKRI	黄色
円錐	STAGE	ガラス

(4) アタッチし終えたら、OK ボタンを押す。

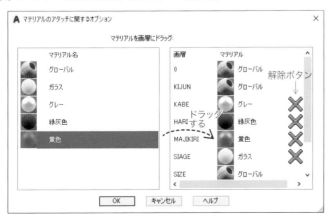

図 13-10　マテリアルを各レイヤに割り当てる

Chapter **13**

フィッシャー邸のレンダリング

⑤ 再レンダリング

再度、レンダリングしてみた画像が**図** 13-11 である。

ただし、光とマテリアルに関して、以下の修正を行っている。

 [1] 遠隔光源の強度を 8 に修正

 [2] 点光源を ON

 [3]「緑灰色」の明度を下げる

 [4]「ガラス」の反射率を 80 に上げる

ここまでの作業を「render_test.dwg」というファイル名で、上書き保存しておこう。
以上がレンダリングの大まかな流れである。
画角や光、マテリアルを調整し、レンダリングする、という一連の作業を繰り返すことで、最終版の透視図に近づいてゆく*17。

ワンポイント ＊17

途中段階の検討には、ここでセットした画像解像度 800 × 600 ピクセル程度で十分である。最終版は、紙に印刷することを想定すると、縦横とも、この数倍の解像度でレンダリングすることになる。

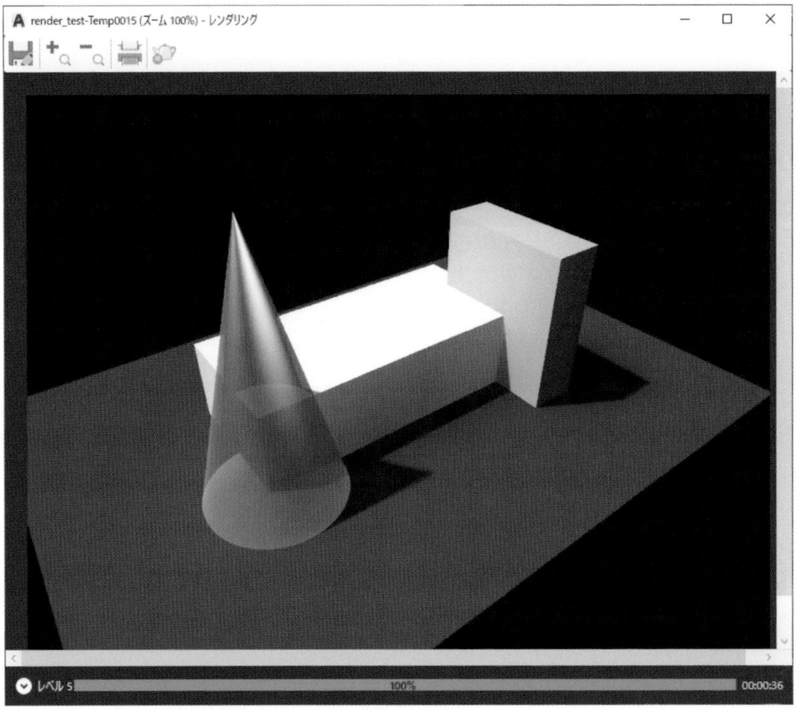

図 13-11　マテリアルを割り当てたら、レンダリングする

7　フィッシャー邸のレンダリング

Chapter 12 で完成したフィッシャー邸のモデルをレンダリングしよう。

① 不要な図形の削除

はじめに、レンダリングに不要なデータを削除する。必要なオブジェクトは、ソリッド立体と樹木（幹および葉）、人物である。

(1) 作業用ファイルを作成する

 「Fisher_House_site_model.dwg」を開いたら、レンダリング用に「Fisher_House_model_all.dwg」という名前で別名保存する。

 以降の作業は、この別名保存したファイルで行う。

(2) レイヤ表示を変更する

 現在レイヤを HOJO にセットし、必要なオブジェクトを含むレイヤを OFF（非表

示）にする[*18]。

遠隔光源をセットするために基準線を使うので、レイヤ KIJUN も OFF にする。

（3）選択削除する

この状態で、表示されたすべての図形をウィンドウ選択ないしクロス選択して削除する（ ERASE ）。

ワンポイント ＊18

SOLOFF を使えば、ソリッド図形を含むレイヤが OFF になる。

② 不要なレイヤの削除

次に、 PURGE で不要なレイヤを削除する。

（1）不要なレイヤを削除する

> PURGE ENTER
>   →「名前削除」ウインドウが開くので、「すべて名前削除」ボタンを押す。

複合図形に含まれているレイヤもあるので、 PURGE を2度繰り返す。

これで必要なレイヤだけが残される。

（2）全レイヤ表示する

LAYON か LA で全レイヤ表示する[*19]。

ワンポイント ＊19

3次元モデルを修正することもあり得るので、基準線は残しておく。

③ システム変数の設定

光源の設定に必要なシステム変数を設定しておく。

> DEFAULTLIGHTING ENTER
> DEFAULTLIGHTING の新しい値を入力〈1〉： →"0" と入力
> LIGHTINGUNITS ENTER
> LIGHTINGUNITS の新しい値を入力〈0〉： →"2" と入力
> UNITS ENTER
>   →「単位管理」ウインドウが開く。「挿入尺度」の項目で「ミリメートル」
>   を選択する。

ここまで設定できたら、いったん「上書き保存」する。

④ ビューポートと UCS 設定

プロパティ・ウインドウを開き、ビューポートを4分割する。

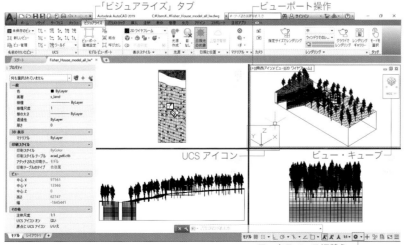

図 13-12　フィッシャー邸のモデルを表示する

Chapter
13

フィッシャー邸のレンダリング

それぞれのビューポートを平面図や立面図（側面図）などに割り当てる。

立面図では、それぞれのビューに UCS を設定する。

ワークスペースは「3D モデリング」に設定する。

⑤ カメラの作成

(1) カメラを設定する

オブジェクト・スナップと直交モードは OFF にする。

平面図のビューポートをアクティブにし、CAMERA で適当な位置にカメラをセットする。

(2) カメラの視線を切り替える

アイソメトリック図のビューポートをアクティブにし、左上の［カスタムビュー］を押して、「カスタムモデルビュー」「カメラ 1」を選択する。ビューがカメラ 1 からの視線に切り替わる。

(3) カメラ位置を変更する

左側面図のビューポートをアクティブにし、カメラを選択する。

プロパティ・ウインドウでレンズ長を 50mm から 35mm に変更する。

あわせて、カメラの視線上の中間のグリップ（小さな青い四角）をクリックし、カメラと視線全体の高さを持ち上げる。

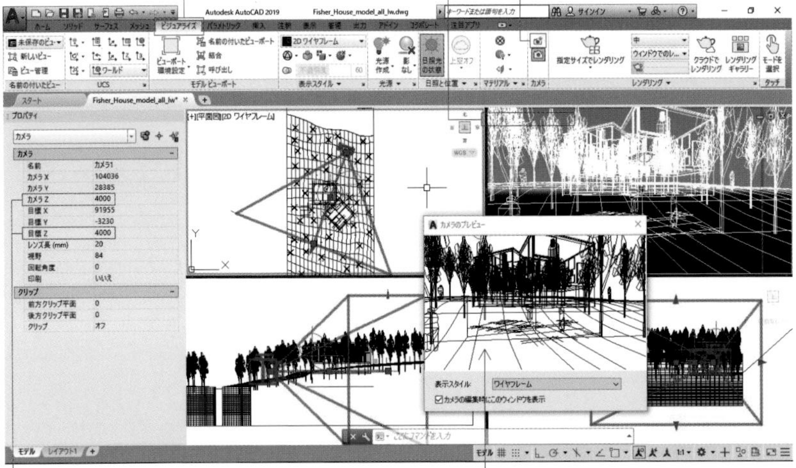

プレビューをビューポートに反映させるには、「カメラ 1」を再設定する

「ビジュアライズ」タブ　　　　　　　　　　　　　カメラ作成コマンド

2 点透視図を作成するには、カメラ Z と目標 Z を同じ数値に設定する　　　「カメラのプレビュー」：カメラを作成すると、自動的に表示される

図 13-13　カメラをセットする

(4) プレビューウインドウを表示する

カメラの位置や高さを修正するために、カメラを選択して「カメラのプレビュー」ウインドウを表示させる。

ウインドウを確かめながら、平面図でカメラの位置を、側面図でカメラの高さを調整して画角を決定する。

カメラの高さはプロパティ・ウインドウで「カメラ Z」「目標 Z」の 2 つの数値を入力することでも設定できる。

ここでは、それぞれ 4000mm にセットした[20]。

実際にカメラを配置してみると、建物が樹木で遮られるので、カメラのレンズ長は 24mm に修正した[21]。

ワンポイント ＊20

カメラの高さと目標点の高さが等しいとは、カメラの視線が地面（XY 平面）に水平であるということである。このとき描かれる透視図は、いわゆる 2 点透視図である。建築の透視図では 2 点透視図が好まれる。2 点透視図を描くためには、カメラの視線を水平にセットしなければならないことを覚えておこう。視点の高さと目標点の高さが異なるときは、見上げたり、見下げたりした透視図になる。それは 3 点透視図と呼ばれる。

ワンポイント ＊21

実際のカメラで広角レンズを使用することに相当する。

148

(5) レンダリングする

カメラ位置をセットしたら、RENDERでレンダリングして、画角を確認してみる。
まだ光源はデフォルトの光源であるし、マテリアルも設定されていないが、レイヤの色でフラット・レンダリングされる（図 13-14）。

図 13-14　デフォルトの光源を使って、レンダリングする

(6) ファイルを保存する

カメラをセットし終えたら、「上書き保存」する。

⑥ 光源・背景の作成

(1) 太陽光線の向きを指定する線分を描く

太陽光線の向きを指定するために、レイヤ KIJUN にて線分を作成する。
VLINEで適当な長さの鉛直線を作成し、平面図、側面図のビューポートでグリップを使って、適宜回転させる。

(2) 遠隔光源を作成する

LIGHTを使って、遠隔光源を作成する。
光源のオプションで「遠隔光源（D）」を指定し、光線の向きを指定する際に、描いた線分の終点、始点をマウスで指定する[22]。

(3) 光源リストを表示する

遠隔光源はビューポートに図示されないので、LIGHTLISTで光源リストを表示させる。
「遠隔光源 1」を選択すれば、プロパティ・ウインドウに作成した遠隔光源のプロパティが表示される。
オン／オフの状態や光源の強度係数を修正することができるが、とりあえず修正しないでおく。

(4) 上空の背景を設定する

リボンの「日照と位置」の右側の小さな矢印を押せば、「日照プロパティ」ウイ

Chapter
13

フィッシャー邸のレンダリング

ワンポイント ＊22

これは光線ベクトルの
始点、終点を表す。

ンドウが開く[23]。

「上空プロパティ」の「状態」欄で「上空の背景」を選択する[24]。この機能で天空輻射がシミュレートできる。

「上空プロパティ」の右側のアイコンを押すと「日照と上空の背景を調整」ウインドウが開く。

左側のスライダを下げて、「日照角度の計算」の中の「時刻」をデフォルトの15:00から12:00に変更する[25]。

(5) レンダリングし遠隔光源を調整する

光源を作成したらレンダリングしてみる。

右上のビューポートをアクティブにして、[RENDER]と起動すればよい。

背景輻射が強いため、逆光のイメージになってしまう。

遠隔光源1の強度を20にセットして、レンダリングし直してみる（図13-15）。

これ以上の光の調整はオブジェクトにマテリアルを付与したあとで行うことにする。

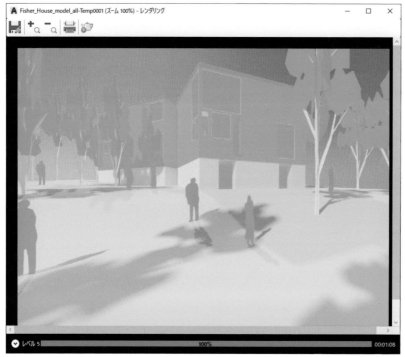

図13-15　作成した光源を使って、レンダリングする

⑦ マテリアルの準備

レイヤごとにマテリアルを割り当てるとして、ソリッド・オブジェクトのレイヤ数は12、それ以外のレイヤ数が3、計15のレイヤが存在する。

例えば、屋根や煙突、水切りはダークグレーの金属板として、同一のマテリアルが使えるだろう。

暫定的に、計10種類のマテリアルを用意しよう。

●独自のマテリアルの作成

10種類のマテリアルのうち、5つは前節で説明した方法で色と反射率、透過率を独自に設定してマテリアルを作成する。

次表に、独自に設定したマテリアルの数値等をまとめた[26]。

ワンポイント *23

あるいは、
[SUNPROPERTIES]
と入力してもよい。

ワンポイント *24

「上空の背景」の設定は、ビューポートごとに設定される。カメラ位置を変更して、それをビューポートに反映すると、「上空の背景」が「上空オフ」に自動的に変更されてしまう。その場合、再度、リボンの「上空オフ」アイコンを押して、「上空の背景」を設定する必要がある。

ワンポイント *25

15:00では太陽高度が低く、逆光でドラマチックな陰影が描かれる。12:00の場合は、太陽は真上で、均質に近い青空が背景になる。

ワンポイント *26

独自に作成するマテリアルは、はじめにカラーピッカーを使って適当な色に設定する。反射率や透過率も適当な数値を入れておく。マテリアルをオブジェクトに割り当てたのち、試しのレンダリングを行う。マテリアルの色や反射率などを調整し、再度レンダリングする。このようなマテリアルの調整とレンダリングを、数回試す。

名前	色（RGB）	反射率/傾斜	透過率	レイヤ	対象
Land	54,60,42	なし	なし	S_LAND	地面
Man	33,33,33	10/20	20	MAN1	人物
Tree1	61,50,41	5/10	15	TREE1	樹木の幹
Tree2	56,84,18	なし	40	TREE2	樹木の葉
コンク リート	143,143,143	5/5	なし	S_DOMA S_FLOOR	土間コンクリート、一般床（リビングの天井が見えてくるため、グレーに設定しておく）

● **ライブラリにあるマテリアルの修正**

残りの5つは、石材や木などのテクスチャー・マッピングを含むもので、下表のようにAutodeskライブラリの素材から選択した。

名前	対象レイヤ	素材
カバノキ	S_WALL , S_WAKU	木
クリア	S_GLASS	ガラス
瓦礫ータリアセンウエスト	S_KISO , S_DANRO	石
湿地	S_WATER	水
鉄黒	S_ROOF , S_MIZUKIRI , S_ENTOTSU	メタル

マテリアル・ブラウザの「ドキュメントのマテリアル」の各項目をダブルクリックするか、右端のアイコンを押せば、マテリアル・エディターがオープンする。
「イメージ」の右側の矢印ボタンを押し、「イメージを編集」を選択する。

図13-16　マテリアルを作成する

(1)「カバノキ」の修正例

「尺度」を幅、高さとも 150 と入力する。

「ステイン色」を少し赤みがかった色（例えば、RGB168,47,11）に変更する。

(2)「クリア」の修正例

ガラスの存在感を増すために、「反射率」を 40 に上げる。

(3)「瓦礫」の修正例

「明るさ」を 100％に、「尺度」を 100 に変更する。

⑧ マテリアルの割り当て

レイヤにマテリアルを割り当てていこう。

MATERIALATTACH ENTER

→「マテリアルのアタッチに関するオプション」ウインドウが現れたら、左側のマテリアルを右側のレイヤにドラッグして関連付けを行う。

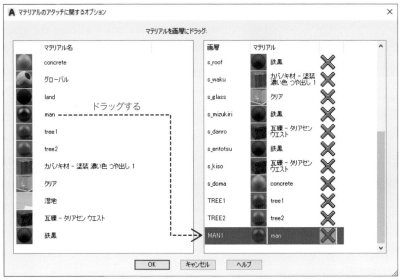

図 13-17　マテリアルをレイヤにアタッチする

⑨ レンダリング

マテリアルをアタッチしたら、レンダリングしてみよう。

(1) 画角を修正する

画角は周辺ももう少し含んでいたほうが良いので、カメラを選択しプロパティ・ウインドウで「レンズ長」を 24mm から 20mm と、さらに広角に変更する。

カメラを修正したら、右上のビューポートの左上の「カスタムビュー」を押して、「カスタムモデルビュー」「カメラ 1」を選択する。

(2) 上空の背景を ON にする

ビューを変更すると、「上空の背景」が OFF になってしまう。リボンの「日照と位置」の欄の「上空の背景」アイコンを ON に設定する。

(3) レンダリングする

RENDER でレンダリングする（図 13-18）。

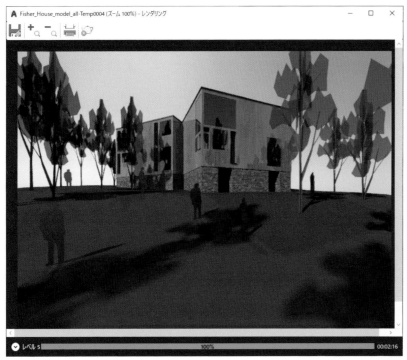

A Fisher_House_model_all-Temp0004 (ズーム 100%) - レンダリング

レベル 5　　　　　　　　　　100%　　　　　　　　　　00:02:16

図 13-18　光源とマテリアルをセットし、レンダリングする

⑩ 点光源の追加

レンダリングされたイメージは全般的にやや暗い印象である。

リビング・キューブの外側とリビング内部に点光源を追加してみよう。

（1）点光源を作成する

　　(LIGHT)で点光源を作成する。

（2）点光源の位置・高さを調整する

　　平面図、側面図のビューポートで位置や高さを調整する。

（3）点光源の設定を変更する

　　(LIGHTLIST)で光源リストを表示し、作成した点光源を選択し、プロパティ・ウインドウで「強度係数」を調整する。

　　室外の点光源の強度係数は 50 に、室内の点光源の強度係数は 10 に設定する。

（4）ファイルを保存し再レンダリングする

　　点光源を追加し終えたら、図面ファイルを上書き保存する。

　　そして、再度、レンダリングする（図 13-19）。

図 13-19 レンダリングイメージ（点光源追加後）

⑪ 最終版イメージの作成

最終版のイメージを高解像度で作成しよう。

（1）出力設定を変更する

リボンの「指定サイズでレンダリング」を押し、「その他の出力設定」をクリックする。

「レンダリング出力サイズの設定」ウインドウがひらくので、幅 2400 ピクセル、高さ 1800 ピクセルと入力し、「保存」ボタンを押す。

幅と高さは 4:3 の比率になるように設定する[28]。

（2）画像を保存する

レンダリングが終了したら、画像を保存する。

レンダリング・ウインドウの上部にある「レンダリングイメージをファイルに保存」アイコンを押す。

「レンダリング出力ファイル」ウインドウが開くので、保存先ディレクトリを選択し、ファイル名を記載する。

ファイル名は「Fisher_House_view_1.png」としよう[29]。

保存ボタンを押すと、「PNG イメージオプション」ウインドウが開く。

デフォルトは「32 ビット（24 ビット＋アルファ）」である。

そのまま OK ボタンを押す。

（3）図面を保存する

画像が保存されたら、図面ファイルも「上書き保存」する。

ワンポイント ＊28

途中段階のレンダリングは 800×600 ピクセルのサイズであった。最終版では、幅、高さとも 3 倍の解像度でレンダリングすることにする。解像度が高いので、レンダリングにやや時間がかかる。

ワンポイント ＊29

ファイルの種類は PNG がデフォルトである。JPEG など他の画像フォーマットも選択できるが、ここでは、デフォルトの PNG フォーマットで保存しておく。

8 本章で導入した AutoCAD コマンド

コマンド名	機能・目的
標準コマンド	
CAMERA	カメラを作成する
RENDER	レンダリングする
RPREF	レンダリング初期設定をする
DEFAULTLINGHTING	デフォルトの光源を使うか（1）、使わないか（0）
LIGHTINGUNITS	照明単位を米国規格（1）にするか、国際規格（2）にするか
UNITS	単位管理のウインドウを開く
LIGHT	光源を作成する
LIGHTLIST	光源リストのウインドウを開く
PURGE	使われていないレイヤ、複合図形、マテリアルを削除する
MATBROWSEROPEN	マテリアル・ブラウザを開く
MATERIALATTACH	マテリアルをレイヤにアタッチする
SUNPROPERTIES	日照プロパティのウインドウを開く

┌ Column ▬▬▬▬▬▬▬▬▬▬▬

コンピュータと光の3原色

コンピュータでは、光の3原色（Red, Green, Blue）のそれぞれの濃淡を0から255までの256諧調で表現する。例えば、純粋な赤は255,0,0である。淡い赤（肌色）を作るには、255,160,160などと、緑と青を同量、足してゆく。255,255,255となると完全な白になる。逆に、赤を減らしてゆくと、例えば160,0,0は黒ずんだ赤になってゆく。0,0,0となると完全な黒である。純粋な緑は0,255,0、純粋な青は0,0,255である。赤と緑を混ぜると黄色になる。純粋な黄色は255,255,0である。緑と青を混ぜると水色（シアン）になるが、それは0,255,255である。青と赤を混ぜると紫（マジェンタ）であり、255,0,255である。なぜ、0から99までの100諧調で表現しないのであろうか。それは、コンピュータは2進法で8桁の数字が扱いやすいからである。$256 = 2^8$であり、2進法では11111111である。色の濃淡256諧調は8ビットで表現される。赤・緑・青と3色あるので、1つの色は24ビットで表現されることになる。24ビットとは$256 \times 256 \times 256 =$約1670万である。こうして、約1670万色の色が表現される。

Part III

応用編

プレゼンテーション・ボードの作成

レンダリングした画像ファイルを使って、プレゼンテーション用のボードを作成してみよう。

平面図、断面図、配置図、透視図など異なる尺度と文章をレイアウトして1枚のパネルに収めるには、AutoCAD の「ペーパー空間」という機能を使う。

ここでは、画像編集のフリーソフト「GIMP」を用い、レンダリングした画像ファイルのトリミングや、明るさ・コントラストなどの調整を行う方法も紹介しよう。

1 俯瞰透視図のレンダリング

Chapter 13 でレンダリングした透視図は地上レベルから建物を見たアングルである。建物を上空から俯瞰し全体構成を把握できるアングルの透視図を作成しよう。

以下の手順で、俯瞰の透視図を2点透視図として作成してみよう*1。

(1) 作業用のファイルを準備する

「Fisher_House_model_all.dwg」を開き、「Fisher_House_model_all_view_2.dwg」という名前で別名保存する*2。

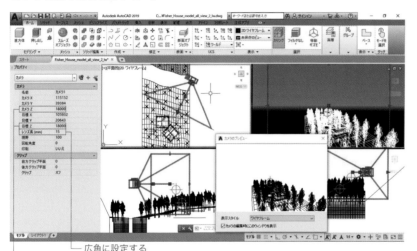

└─ 広角に設定する

└─ 2点透視図を作成するには、カメラZと目標Zの値を等しくする

図 14-1　上空からの俯瞰透視図を作成する

(2) カメラ・光源を設定する

2点透視図では、カメラの視線は水平である。上空で、水平に視線をとり、下の方に建物が小さく見えるというアングルになる。

そのため、レンズ長は 15mm と、かなりの広角である。遠隔光源は強度係数 50 にセットし、室内の点光源は OFF に設定する。

背景は「上空オフ」にする。

(3) レンダリングする

最終的には周囲を大きくトリミングして使うため、画像全体で幅 4800 ピクセル、高さ 3600 ピクセルという大きな解像度でレンダリングする*3。

(4) レンダリングした画像を保存する

レンダリングした画像は、「Fisher_House_view_2.png」という名前で保存する。

ワンポイント ＊1

俯瞰の透視図は、上空からの見下げとしてカメラをセットすることが一般的である（3点透視図になる）。しかしその場合、建物は屋根が大きく、足元が小さくすぼんだように見えてくるため、ここではあえて2点透視図として作成する。

ワンポイント ＊2

元の図面で別のカメラをセットしてレンダリングすることも可能である。しかし、アングルによって光源やマテリアルを調整することになるので、別ファイルで作業した方が良いだろう。

ワンポイント ＊3

図 14-2 では、マテリアル・エディタで敷地や樹木の明度を調整している。レンダリングされた画像は、後で建物の周辺のみをトリミングして使うことになる。

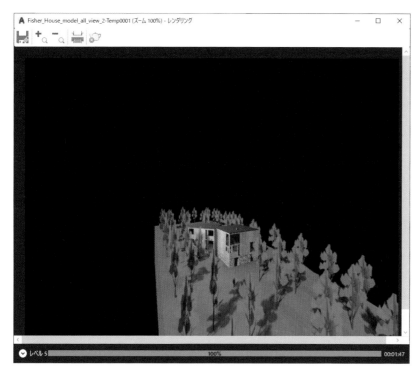

図 14-2　俯瞰透視図をレンダリングする

2　レンダリングした画像の編集

レンダリングした画像について、画像編集ソフトで背景の描画やトリミングを行おう。

① 画像編集ソフト GIMP のインストール

GIMP は高性能なグラフィックス編集ソフトである[*4]。GIMP を使って行う作業は、概ね以下の通りである。

　　[1]　JPEG、PNG、PDF など画像ファイルの相互変換[*5]
　　[2]　画像の拡大・縮小、トリミング
　　[3]　明るさ、コントラスト、彩度の調整
　　[4]　グラデーションを使った背景の塗りつぶし

(1)　ソフトのホームページにアクセスする

　　インストールするには、下記のホームページにアクセスする。

　　https://www.gimp.org/

(2)　ダウンロードしてインストールする

　　ダウンロードのページに進み、「Download via BitTorrent」あるいは「Download directly」いずれかのボタンを押す。

　　あとは指示に従ってインストールする[*6]。

② 画像のインポート

レンダリングした 2 つの画像ファイルを開いてみよう[*7]。

図 14-3 は、GIMP を起動して **Chapter 13** でレンダリングした「Fisher_House_view_1. png」をインポートしたところである。

インポートするにはメニューから「ファイル」→「開く / インポート（O）」を押し、該当するファイルを選択する。

ワンポイント ＊4

GNU GPL（一般パブリック・ライセンス）の下に配布されるフリーソフトウェアである。

ワンポイント ＊5

PDF とは画像（各ピクセルの色情報）、ベクター（CAD データのような座標の組み合わせ）、テクスト（文字列）を統合的に記述できるファイル形式である。データのやり取りに、広く一般的に用いられる。JPEG はデジタル・カメラで撮った写真の保存などに用いられる。最も一般的な画像ファイル・フォーマットである。高圧縮にすれば、ファイルサイズが小さくなるので可搬性にすぐれるが、画像が劣化する。ここでの作業には低圧縮のものを使う。PNG は JPEG と異なり、画像が劣化することはない。さらに、各ピクセルにアルファ・チャンネルという透明度の情報をもたせることができる。

ワンポイント ＊6

現時点での最終安定版は GIMP 2.10.18 である。インストーラは英語であるが、インストール後はメニューなど日本語化されている。

ワンポイント ＊7

GIMP では、GIMP 独自のファイル形式（XCF 形式）以外のファイルを開くことを「インポート」と呼ぶ。また、XCF 形式以外のファイル・フォーマットで保存するとき「エクスポート」と呼ぶ。

Chapter
14

プレゼンテーション・ボードの作成

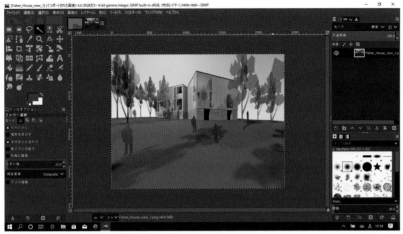

図 14-3　レンダリングされた画像を GIMP を使って編集する

③ 画像のトリミング

空の部分と比較して、地面が大きく見えすぎているので、トリミングしよう。

(1) 矩形選択して大まかに切り抜く

　　トリミングする範囲を矩形選択ツールで選択し、メニューの「画像」→「選択範囲で切り抜き」を選択して大まかに切り抜く。

(2) 任意のサイズに調整する

　　「画像」→「画像の拡大縮小」と「画像」→「キャンバスサイズの変更」を使って、幅 2000 ピクセル、高さ 1250 ピクセルの大きさに調整する。

④ 背景色の調整

背景の空の色は、グラデーション・ツールを使って作成し直す。

(1) 色域選択のオプションを表示する

　　メニューの「選択」→「色域を選択」を押すと、左側のパネルに色域選択のオプションが示される。

(2) しきい値を調整する

　　近接する色の違いの「しきい値」が 15 になっているが、8 に修正する。

　　画像の空の部分をクリックすると、クリックした点の色との違いが、しきい値 8 以下になる範囲が選択される。

　　[SHIFT] キーを押しながら空の別の部分をクリックして、選択部分を追加してゆく。

(3) グラデーションのオプションを表示する

　　背景の空全体が選択されたら、グラデーション・ツールを押す。

(4) 色を選択してグラデーションを作成する

　　描画色を濃い青に、背景色を白に設定する。左側のパネルにはグラデーションのオプションが示される。グラデーションの方法が、「描画色から背景色」であることを確認する。マウス・カーソルを画像の中央上部でクリックし、続いて、その真下方向で再度クリックする。

　　[ENTER] キーを押せば、選択範囲の中だけ、グラデーションで塗りつぶされる。

(5) 色相・彩度のウインドウを表示する

　　メニューの「色」→「色相・彩度」を選択し、「色相・彩度」ウインドウを表示する。

(6) 彩度を変更する

「彩度（Saturation）」の数値を"−60"と入力する。

画像を見て、よければ「OK」ボタンを押す。

(7) 結果を確認して選択を解除する

ここまでの操作で背景を作り直したことになる。

これでよければ、「選択」→「選択を解除」を押す。

⑤ 画像の明るさ・コントラストの調整

最後に、画像全体の明るさとコントラストを調整する。

(1) 明るさ・コントラストのウインドウを表示する

「色」→「明るさ・コントラスト」を選択し、「明るさ・コントラスト」ウインドウを表示する。

(2) 数値を調整する

「明るさ（Brightness）」の数値を"−10"、「コントラスト（Contrast）」の数値を"10"と数値入力する。

(3) プレビューを確認して修正を確定する

プレビューされた画像を見て、よければ「OK」ボタンを押す。

(4) 画像をエクスポートする

ここまで修正したら、画像に「名前を付けてエクスポート」する。

名前の欄に「Fisher_House_view_1.png」と表示されるが、拡張子を jpg に修正する。

これで「Fisher_House_view_1.jpg」というファイル名で JPEG フォーマットの画像としてエクスポート（保存）される。

「エクスポート」ボタンを押せば、別ウインドウが開き、JPEG のオプションで「品質」が既定値で「90」と示される。

これは、かなり低圧縮であり、そのままで差し支えない。

変更がなければ、「エクスポート」ボタンを押す。

図 14-4 はリタッチ後の画像イメージである。

図 14-4　リタッチ後のフィッシャー邸透視図（地上レベル）

同様の手順で「Fisher_House_view_1.png」に修正を加えたものが、図 14-5 である。

こちらは、幅 1500 ピクセル、高さ 2000 ピクセルの画像である。

ファイル名は「Fisher_House_view_2.jpg」である。

図 14-5　リタッチ後のフィッシャー邸透視図（俯瞰）

3　レイアウトと出力

ここまでの作業で画像の準備が完了した。ファイル名は以下の２つである。

Fisher_House_view_1.jpg

Fisher_House_view_2.jpg

平面図、断面図、配置図はすでに、以下のファイル名で作図が完了している。

Fisher_House_plans.dwg

Fisher_House_sections.dwg

Fisher_House_site_plan.dwg

レイアウトに差し込むテキストは、**Chapter 7** で示したフィッシャー邸の説明の一部を使うことにする。

AutoCAD のペーパー空間という機能を用い、これらの画像（ビットマップ）、図面（ベクター）、テキスト（文字列）をレイアウトして１枚のプレゼンテーション・ボード

として仕上げよう。

① 各図面の整理・配置

(1) 平面図を整理する

1階・2階平面図が作画されている「Fisher_House_plans.dwg」を開き、「Fisher_House_layout.dwg」という名前で別名保存する。

以降の作業は、この別名で保存されたファイルで行う。

1階平面図の左側に、暖炉の部分平面図があるが、プレゼンテーション・ボードには入れないので、削除する。

(2) 断面図・配置図を整理・配置する

断面図の描かれた「Fisher_House_sections.dwg」を開き、断面図一式を平面図にコピーする[*8]。

同様に、配置図の描かれた「Fisher_House_site_plan.dwg」を開き、配置図一式を平面図にコピーする。

断面図と配置図の位置は、平面図上で適当に揃えて配置しておく（図 14-6）。

ワンポイント ＊8

Chapter 5 で解説した「コピー・アンド・ペーストによる図形の複写」の方法を使おう。

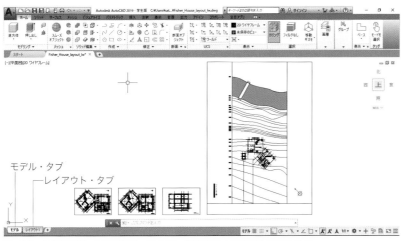

図 14-6　1階平面図、2階平面図、断面図、配置図を1つの図面にまとめる

プレゼンテーション・ボードは A1 サイズ、平面図・断面図の縮尺は 1:100、配置図の縮尺は 1:400 としよう。

平面図、断面図は A3 用紙、縮尺 1:50 での出力を想定していたので、文字高さや寸法設定を以下の手順で変更する。

② 室名の文字高さの修正

(1) レイヤ表示を変更する

プロパティ・ウインドウを出しておく（PROPERTIES）。

現在レイヤを MOJI にセットし、MOJI 以外を全レイヤ非表示にする（LH）。

(2) 室名の1つの文字高さを修正する

室名の1つ、例えば「リビングルーム」という文字を選択する。プロパティ・ウインドウで「高さ」をみると 125 と記載されている。これは縮尺 1:50 のとき文字高さ 2.5mm で印刷されることを示している。プロパティ・ウインドウで文字高さを 200 に修正しよう。縮尺 1:100 ならば文字高さ 2mm で印刷されることになる。

(3) 修正したオブジェクトのプロパティをコピーする

選択したオブジェクトのプロパティを、他のオブジェクトにコピーする（MATCHPROP）というコマンドを使い、その他の室名の文字高さを修正する[*9]。

Chapter 14

プレゼンテーション・ボードの作成

ワンポイント ＊9

MATCHPROP は MA でも可。該当する文字をすべて選択して、プロパティ・ウインドウで、選択されたすべての文字の文字高さを一括して 200 に修正することも可能である。

「リビングルーム」という文字の文字高さは 200 に修正済みで、他の文字の高さは 125 であるとする。

> MATCHPROP ENTER
> コピー元オブジェクトを選択：
> 　→「リビングルーム」という文字を選択する。
> コピー先オブジェクトを選択：
> 　→ウインドウ選択あるいはクロス選択で、高さを変更しようとするという文字を選択する。
> コピー先オブジェクトを選択：
> 　→右クリックか ENTER キーを押して終了する。

後から選択した文字のプロパティが、最初に選択した文字のプロパティにマッチされる。

これら以外の文字の文字高さも同様に修正しよう*10。

(4) 図面タイトルのレイヤを新規作成し一時保管する

図面タイトルの文字はレイヤ MOJI_2 （水色）を新規作成し、そのレイヤに変更する。

MOJI_2 は一時保管（フリーズ）しておく。

ワンポイント ＊10

この場合のプロパティとはレイヤ名や、文字高さ、その他の文字の書式のことである。通り芯記号の文字高さを修正したい場合、MATCHPROP を使うと回転角度もコピーされてしまうので、プロパティ・ウインドウを使って修正した方がよい。

③ 寸法の文字高さと小黒丸のサイズの修正

(1) 文字設定を修正する

文字設定（ STYLE ）で文字高さを 200 にセットする。

(2) 寸法設定を修正する

寸法設定（ DIMSTYLE ）で、小黒丸のサイズを 300 に修正する。

(3) レイヤ表示を変更する

設定が済んだら、現在レイヤを SUNPO にセットし、全レイヤ非表示にする。

(4) ダミーの寸法からプロパティをコピーする

現在の設定で、ダミーで適当な寸法を描き、 MATCHPROP（MA） を使って、ダミー・オブジェクトのプロパティをすでに描かれている寸法に適用する。

(5) 不要なオブジェクトを削除し保存する

その他、レイアウトに不要なオブジェクトは削除する。

例えば GUIDE で描かれた補助線などは削除しよう。

ここまで修正が済んだら、「上書き保存」する。

ファイル名は「Fisher_House_layout.dwg」である。

④ レイアウト設定

ここから、図面の作図を行う「モデル空間」ではなく、レイアウトを行う「ペーパー空間」での作業に移る。

(1) レイアウトのタブを選択する

作図領域左下のタブでは「モデル」が選択されている。

その右側にある「レイアウト 1」というタブをクリックしてみよう。

白のキャンバスの上に、モデル空間に存在する図面が表示されている。

(2) ページ設定管理ウインドウを開く

「レイアウト 1」を右クリックするとメニューが現れる。

「ページ設定管理」を選択し「ページ設定管理」ウインドウが開き、「セットアッ

プ1」を選択して、「修正」ボタンを押す。

「ページ設定－セットアップ1」というタイトルのウインドウが開く。

(3) 印刷設定を確認・変更する

「プリンタ／プロッタ」で下表のように印刷設定を確認・変更しよう。

項目名	設定内容
名前	AutoCAD PDF（General Documentation）. pc3
用紙サイズ	ISO フルブリード A1（841.00 × 594.00 ミリ）
印刷スタイルテーブル	acad_pdf. ctb
印刷尺度	100 [*11]
用紙にフィット	チェックしない

> **ワンポイント ＊11**
>
> モデル空間の図面が縮尺 1:100（1（ミリメートル）が 100（長さの単位）となる）で印刷されることになる。

(4) 設定を確定させる

「OK」ボタンを押すと「ページ設定管理」ウインドウに戻るので、「セットアップ1」を選択して、「現在に設定」ボタンを押す。

設定が済んだら「閉じる」ボタンを押す。

⑤ レイアウト・ビューポートの設定

ペーパー空間左下の部分を、マウスホイールを回転させて拡大すると、平面図や断面図、配置図が小さく表示され、図面の外側には矩形の枠（「レイアウト・ビューポート」と呼ばれる [*12]）が描かれている。

白紙の状態から作業を始めるために、この「レイアウト・ビューポート」を一旦削除して作成しなおそう。

> **ワンポイント ＊12**
>
> プロパティ・ウインドウを表示させて選択すると確認できる。「レイアウト・ビューポート」には、それが作成されたときの現在レイヤがオブジェクトのレイヤとして付与されている。

(1) 既存のレイアウト・ビューポートを削除する

ペーパー空間でも、モデル空間で使用してきたコマンドが同じように使える。

ERASE で削除しよう。

(2) レイヤ表示を変更する

現在レイヤを GUIDE にセットする。

これから作成するレイアウト・ビューポートのレイヤが GUIDE になる。

GUIDE は印刷しない設定にしておけば、レイアウト・ビューポートの枠線は印刷されない。

(3) レイアウト・ビューポートを新規作成する

レイアウト・ビューポートを作成するコマンドは MVIEW である。

> MVIEW ENTER
>
> ビューポートの一方のコーナーを指定 または ［…］：
>
> →適当な位置で、ビューポートの左下のコーナーを指定する。
>
> もう一方のコーナーを指定：
>
> →適当な位置で、ビューポートの右上のコーナーを指定する。

この操作で、白紙の上に適当な大きさのビューポートの枠線が描かれ、そのなかにモデル空間の図面が描かれる。

(4) レイアウト・ビューポートの尺度を設定する

作成されたビューポートを選択すると、四隅と中央の正方形のグリップと、中央右側に逆三角形のグリップが表示される。

逆三角形のグリップをクリックすると尺度のメニューが表示される。

1:1 を選択しよう [*13]。

> **ワンポイント ＊13**
>
> 印刷尺度は 1:100 に設定してあるので、ここで 1:1 を設定すれば、そのビューポートは 1:100 で印刷されることになる。

(5) レイアウト・ビューポートの大きさを変更する

レイアウト・ビューポートの四隅に表示されているグリップを使い、範囲を 1 階平面図の図面枠の大きさに合わせよう。

グリップをクリックし、赤色に表示が変わったら移動先の点をクリックすることで範囲を変更できる。

オブジェクト・スナップを交点と端点を拾うようにセットしておく。

(6) レイアウト・ビューポートを移動する

次に、ビューポート中央に表示されているグリップをつまんで、背景の白紙の内部の適当な位置に、ビューポートを移動する。

ここまでの操作で 1 階平面図のビューポートが作成された。

(7) その他の図面のレイアウト・ビューポートを作成する

同様な手順で、2 階平面図・断面図・配置図のビューポートを作成する。

尺度の設定は、2 階平面図と断面図は 1:1、配置図は 1:4 としよう[14]。

ワンポイント ＊14

配置図は縮尺 1:400 で印刷されることになる。

図 14-7 はここまでの作業のスナップショットである。

A1 サイズの白紙の上に 4 つのレイアウト・ビューポートが作成されている。

4 つのビューポートはそれぞれ 1 階平面図、2 階平面図、断面図と配置図である。

1 階平面図、2 階平面図、断面図は縮尺 1:100、配置図は縮尺 1:400 での大きさである。

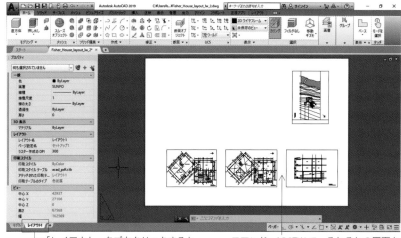

└─「レイアウト」タブ右クリックすると　　　コマンド：MVIEW で、それぞれの図面を
　　メニューが現れる　　　　　　　　　　　レイアウトに配置する

図 14-7　ペーパー空間に図を挿入する

⑥ 画像の挿入

IMAGEATTACH で画像を挿入する。

大きさは後で調整するので、適当な大きさで挿入しておく。

画像の枠線を印刷しないようにするため、レイヤ IMAGE （白、色番号 255）を新規作成し、現在レイヤを IMAGE にセットしてから、画像を挿入する。挿入した画像の移動には、MOVE を使う。大きさの変更には四隅のグリップを使う。

⑦ 文章（文字列）を挿入する

(1) レイヤ表示を変更する

MOJI では白紙の上に黄色の文字が作成されて読みにくいので、KABE を使う。

KABE は色番号 7 で黒の背景の時は白であるが、白の背景の時には黒で表示さ

れる。

現在レイヤを KABE にセットする。

(2) 文字列を挿入する矩形を描く

MTEXT で説明文を挿入しよう。

MTEXT では、矩形の領域を設定して、そのなかにワープロのような感覚で文章を記述することができる。

> MTEXT ENTER
>
> 最初のコーナーを指定：
>
> →マウス・カーソルでテキスト・ボックスの左下の点を指定する。
>
> もう一方のコーナーを指定 または ［…］：
>
> →マウス・カーソルでテキスト・ボックスの右上の点を指定する。

(3) ダミーの文字列を挿入する

テキスト・ボックスとルーラーが現れる。

文章は後で修正するので、"abcde" と適当に文字列を書き込む。

文字列は改行も可能であるため、ENTER キーで終了することができない。

終了するには、Ctrl キーを押しながら ENTER キーを押すか、作図領域のテキスト・ボックスの外側でマウスをクリックする[＊15]。

ワンポイント ＊15

プロパティを見てみると、図形名「マルチテキスト」(英語では MTEXT)、レイヤ「KABE」、内容「abcde」などとなっている。

(4) 挿入する文章を作成しコピーする

ダミーで書き込んだ文字列 "abcde" を、実際にプレゼンテーション・パネルで使う文章に置き換えよう。

挿入するテキストは、Microsoft Word のようなワープロあるいは「メモ帳」のようなエディタを使って、あらかじめ文章を作成しておくとよい。

テキストを作成したらクリップボードにコピーする（Ctrl ＋ C）。

(5) ダミーの文字列を作成した文章で置換する

ペーパー空間で "abcde" と表示されたマルチテキストをダブルクリックすると、テキスト・ボックスとルーラーが現れる。

"abcde" という文字列を選択し、Ctrl ＋ V とすれば、クリップボードの内容で置き換わる。

(6) 文字設定を調整する

プロパティ・ウインドウで「文字スタイル」や「文字高さ」、「位置合わせ」などを適宜、調整しよう。

明朝体を使う場合は、あらかじめ文字設定で "msmincho" などの名前で文字スタイルを作成しておく。

⑧ レイアウトの調整

ここまでの作業で、プレゼンテーション・ボードにおさめるべき図面、画像、テキストを暫定的に配置することができた。

シート上に補助線を作図して、レイアウトを調整しよう。

(1) 補助線を描く

現在レイヤを HOJO にセットして、LINE で補助線を描いてゆく。

(2) ビューポートの位置を調整する

平面図、断面図、配置図のビューポートを適当な位置に MOVE で移動する[＊16]。

(3) 画像・テキストを調整する

画像を選択し、グリップを使って、拡大・縮小や正確な位置合わせを行う。

ワンポイント ＊16

印刷するときの縮尺も設定してあるので、大きさを変えることはできない。

Chapter
14

プレゼンテーション・ボードの作成

167

テキスト・ボックスも、幅や高さをグリップで変更したり、MOVE で移動したり
して適当な状態に調整する。

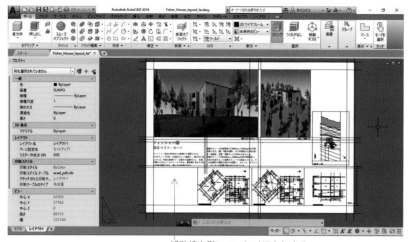

補助線を引いて、レイアウトする
モデル空間と同じコマンドがペーパー空間でも使える

図 14-8　ペーパー空間で、図面・画像・文章をレイアウトする

⑨ 出力

レイアウトが完成したら、PDF ファイルとして出力する。

（1）印刷プレビューを開く

プリンタに印刷する場合と同じく、コマンドは PLOT である。

> PLOT ENTER
> →「印刷－レイアウト 1」というタイトルのウインドウが開く。すでに設定
> 済みなので、「プレビュー」ボタンを押し、確認して ENTER キーを押す。

（2）名前を付けて保存する

「印刷－レイアウト 1」ウインドウに戻り、「OK」ボタンを押す。

ファイル名を「Fisher_House_presentation.pdf」などと記載して、「保存」ボタン
を押す。

完成した PDF ファイルは Acrobat Reader などで開いて、プリンタで印刷する[17]。

図 14-9 は完成したレイアウトを PDF 出力したものである。

> **ワンポイント ＊17**
> GIMP で開けば、JPEG
> 画像としてエクスポー
> トすることもできる。

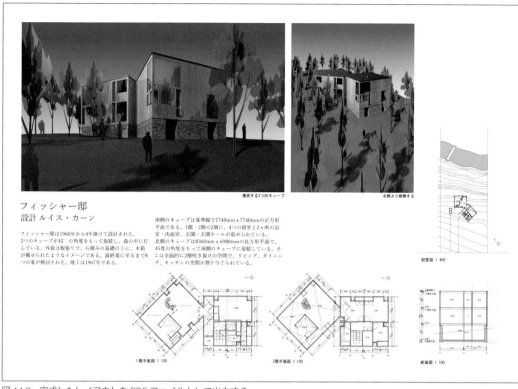

フィッシャー邸
設計 ルイス・カーン

フィッシャー邸は1960年から4年掛けて設計された。
2つのキューブが45°の角度をもって接続し、森の中に行んでいる。外装は板張りで、石積みの基礎の上に、木箱が載せられたようなイメージである。最終案に至るまで8つの案が検討された。竣工は1967年である。

南側のキューブは基準線で7740mm x 7740mmの正方形平面である。1階・2階の2階に、4つの寝室と2ヵ所の浴室・洗面室、玄関・玄関ホールが収められている。北側のキューブは8360mm x 6980mmの長方形平面で、45度の角度をもって南側のキューブに接続している。そこは全面的に2層吹き抜けの空間で、リビング、ダイニング、キッチンの空間が割り当てられている。

図 14-9　完成したレイアウトを PDF ファイルとして出力する

4 　本章で導入した AutoCAD コマンド

名称	機能・目的
標準コマンド	
MATCHPROP（MA）	プロパティをコピーする
MVIEW	レイアウト・ビューポートを作成する
MTEXT	マルチテキストを作成する

Column

画像とピクセル

GIMP で画像を表示してメニューの「画像」→「キャンバスサイズの変更」を押してみよう。表示された画像は幅 2400 ピクセル、高さ 1800 ピクセルの画像であることが分かる。ピクセルとは画像のなかの小さな点のことである。画素ともいう。この画像は 2,400 × 1,800 ＝ 4,320,000 個の点でできている。コンピュータにとって、レンダリングとは 432 万個の点の色を決めるという作業である。それらの 1 つひとつのピクセルの色が、**Chapter 13** のコラムで説明したように、RGB 各色 256 階調の数値として記録される。このように、ピクセルの色情報の並びとして記録した画像をビットマップという。1670 万色のなかの 1 つの色は 24 ビットの数値で記録される。コンピュータでは 8 ビットのことを 1 バイトという。この 1 枚の画像は、432 万個の点からなり、12,960,000 バイト（約 12 メガ・バイト）の情報量である。

地形のモデリング

AutoCAD を使った応用例として、Web から地形のデータ（等高線）を取得して、それを AutoCAD で図面化することを試みよう。

「Web 等高線メーカー」は、埼玉大学教育学部の谷謙二研究室が Web 上で公開しているプログラムである。それを使えば、日本中のあらゆる地点の等高線が手元のパソコン上で得られる。Web 等高線メーカーは国土地理院が公開している 5m グリッドの標高タイルを使って等高線を描く。それは航空レーザ測量をもとにしている。標高の精度は 0.3m とされる。建築設計の初期段階における検討には十分な精度である。

ここでの作業は以下のプロセスで行う。

[1]「Web 等高線メーカー」で等高線のデータを KML ファイルの形式で出力する。

[2]（経度、緯度、標高）を局所的な直交座標系（X, Y, Z）に変換する。

[3] 座標変換されたデータを AutoCAD 上でポリラインとして作図する。

上記 [2] のプロセスは Python プログラミング言語を使って変換のプログラムを記述する[*1]。[3] のプロセスは Lisp 言語を使って、[2] のプロセスで作成されたデータファイルを AutoCAD で図面化する。

---

1 Web 等高線メーカーによる等高線データの出力

（1）Web 等高線メーカーにアクセスする

ブラウザで、下記のアドレスを入力して Web 等高線メーカーを開く。

http://ktgis.net/service/webcontour/index.html

（2）任意の区域にズームアップする

図 15-1 は「Web 等高線メーカー」で、筆者の大学の近辺の等高線を取得したようすを示している。初めに日本全体が表示されるが、マウスホイールを回転して拡大表示する。マウスの左ボタンを押してドラッグすれば、画面が移動する。「ズームレベル」が 15 であるとき、最も精度の高い等高線を取得できる。

> **ワンポイント** *1
>
> Python 言語については **Chapter 16** の **Column** も参照

等高線取得間隔

ズームレベル 15 のとき最も精度の良い等高線を取得できる

等高線取得ボタン

図 15-1 ブラウザで Web 等高線メーカーを開いて、等高線を取得する

(3) 項目を設定し等高線を取得する

画面左側のパネルで、「取得間隔」を 1m に、強調ラインを 10m に、描画精度を「詳細」に設定し、「等高線取得」ボタンを押す[*2]。

(4) 等高線データを保存する

取得が完了すると、地図上に茶色の線分で等高線が描かれる。等高線が描かれたら「KML ファイル保存」ボタンを押す。「ダウンロード」（Downloads）ディレクトリに「contour.kml」というファイル名で保存される。

(5) 地図・航空写真のスナップショットを保存する

KML ファイルの保存が済んだら、後に CAD 上で敷き込んで使うためにスナップショットを保存しておこう。「等高線表示」のチェックを外すと、等高線が非表示となる。

ワンポイント ＊2

サーバーからデータを取得するのに多少の時間が掛かる。

図 15-2　淡色地図のスナップショットを保存する

図 15-3　航空写真のスナップショットを保存する

画面右上のアイコンを押せば、さまざまな地図や航空写真を選ぶことができる。ここでは、「淡色地図」（**図 15-2**）と「国土地理院最新航空写真」（**図 15-3**）をそれぞれ保存しよう。

画面のスナップショットは Fn ＋ Alt ＋ PrintScreen キー（あるいは Alt ＋ PrtScr ）でクリップボードにコピーされる。

Windows アクセサリの「ペイント」を起動して、Ctrl ＋ V とすれば、ペイントのキャンバスにクリップボードの内容が貼り付けられる。適当な名前を付けて、JPEG 画像ファイルとして保存する。

2 KML ファイルの座標変換

① KML ファイルとは

Web 等高線メーカーは等高線のデータを KML というテキストファイルの形式で出力する。個々の等高線は、(経度, 緯度, 標高) という形式で記述された点の並び（ポリライン）として記述されている。

図 15-4 は KML ファイルの一部をエディタで表示したものである。<coordinates> から </coordinates> の間の数値が点列を表している。点は 3 つの数字がカンマで区切られて記録されている。それらは、点の経度、緯度、標高である。

これらの数値を取り出して AutoCAD で取り込めば設計に使える。

図 15-4　KML ファイルには等高線の経度・緯度・標高のデータが記録されている

② 座標変換用プログラムの準備

経度、緯度、標高の組み合わせで記述された等高線のデータを AutoCAD で利用するには、局所的な X, Y, Z の直交座標系に変換しなければならない[3]。以下の手順で変換用のプログラムを準備してみよう[4]。

（1）Python のインストール

プログラムを使うに当たって、Python 言語をインストールする。ブラウザで下記のアドレスにアクセスする。

http://www.python.org/

ダウンロードのページに進む。現時点での最新バージョンは Python 3.8.2 である。様々なプラットフォームにあわせたインストーラが準備されている。

ワンポイント ＊3

地球は完全な球ではなく、やや扁平な楕円体である。楕円体の表面の一部を局所的な直交座標系に変換するのは、かなり難しい問題である。数学者のガウスやクルーガーが取り組んだ課題である。

ワンポイント ＊4

ここでは国土地理院の川瀬和重氏の論文を参考に Python 言語で変換のプログラムを記述した。川瀬氏の論文では、Web での利用を考え、JavaScript によるアルゴリズムが記載されている。

「Windows x86-64 executable installer」を選べばよいだろう。あとは指示に従ってインストールする。

(2) プログラム用のディレクトリを準備する

Python をインストールしたら、座標変換プログラムを使うためのフォルダ（ディレクトリ）を準備する。Windows のエクスプローラを使って、ユーザー・ディレクトリのなかに「contour」という名前のサブ・ディレクトリを作成する[*5]。

(3) プログラム用のディレクトリにプログラム・ファイルをコピーする

作成したディレクトリのなかに、付録にある以下の2つのファイルをコピーする。

gauss_kruger.py

kml.py

この2つのファイルに経度、緯度を直交座標に変換するためのプログラムが記述されている[*6]。

(4) プログラム用のディレクトリに KML ファイルをコピーする

Web 等高線メーカーでダウンロードした等高線のデータファイル「contour.kml」を、このディレクトリの中にコピーする。「contour」というサブ・ディレクトリには、計3つのファイルが入っていることになる。

③ 座標変換用プログラムの実行

(1) コマンドプロンプトを起動する

ディレクトリが準備できたら、スタートボタン→Windows システムツール→コマンドプロンプトを起動する。

(2) ワーキング・ディレクトリを変更する

"C:\Users¥sato（ユーザー名）>" という文字の先にカーソルが点滅している。そこにコマンドを入力せよ、という意味である[*7]。

まず、現在のワーキング・ディレクトリは C:\Users¥sato であるが、それを C:\Users¥sato\contour に変更する。以下のように入力して、ENTER キーを押す[*8]。

cd␣contour ENTER

(3) ディレクトリの中身を確認する

続いて、次のように入力して、contour というディレクトリに何が入っているか確かめてみる[*9]。

dir ENTER

gauss_kruger.py

kml.py

contour.kml

以上の3つのファイルが存在していることが確認できる。

(4) プログラムを起動する

続いて、以下のように入力して Python プログラムを起動する。kml.py というプログラムを Python で起動せよ、という意味である。gauss_kruger.py は kml.py から自動的に呼び出されて使用される。

画面上では、しばらくの間、文字が流れてゆくが、"output is complete" と表示されて、プログラムが終了する（図 15-5）。

python␣kml.py ENTER

ワンポイント ＊5

フルパスで表記すれば、c:\Users\ユーザー名（例えば sato）\contour というディレクトリを作成することになる。

ワンポイント ＊6

Python のプログラム・ファイルには、拡張子 py が付く慣習になっている。

ワンポイント ＊7

プロンプトとは「促す」という意味で、人間にコマンド入力を促しているわけである。AutoCAD のコマンド・ラインと同じ機能である。

ワンポイント ＊8

"␣" は半角の空白（スペース）を示す。cd は現在のディレクトリを変更せよというコマンドである。

ワンポイント ＊9

dir はディレクトリの中身を表示せよというコマンドである。

Chapter **15**

地形のモデリング

173

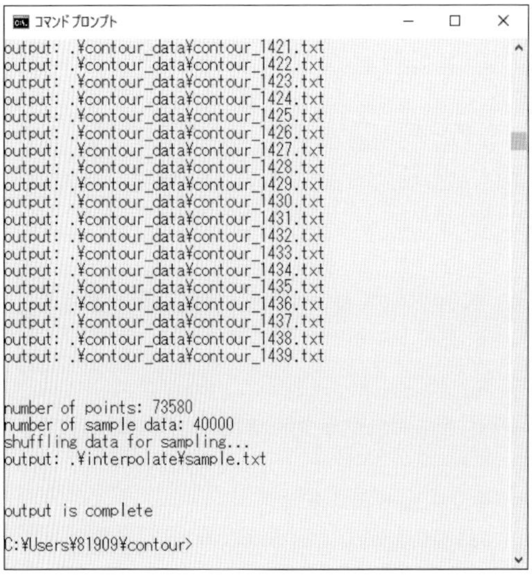

図 15-5　コマンド・プロンプトでプログラムを起動する

(5) ディレクトリの中身を確認する

再び、ディレクトリの中身を見てみよう。

> dir ENTER

「gauss_kruger.py」「kml.py」「contour.kml」という 3 つのファイルの他に、「contour_data」「interpolate」という 2 つのサブ・フォルダが作成されている[*10]。この例では、フォルダ「contour_data」のなかには「contour_0.txt」から「contour_3631.txt」まで 3632 個のファイルが作成される。1 つのファイルが、等高線をあらわす 1 本のポリラインのデータを記録している。それらは、座標変換後のデータである。この場合は 3632 本のポリラインが存在することを示している。

以上で、座標変換が完了する。

「gauss_kruger.py」は、基点となる地点の経度、緯度、求めるべき地点の経度、緯度を入力すると、その地点の X 座標、Y 座標を計算する。基点となる地点の X 座標、Y 座標は 0,0 である。

「kml.py」は、KML ファイルを読み込み、等高線ごとに X 座標、Y 座標、Z 座標のデータファイルとして出力する。X 座標、Y 座標は経度、緯度を座標変換した数値が記録される。Z 座標は KML ファイルの標高の値が、そのまま記録される。X 座標、Y 座標、Z 座標の数値はメートル単位である。

ワンポイント ＊10

フォルダ「interpolate」の中には、スプライン補間用の点のデータが作成されるが、ここでは使用しない。

---

3 AutoCAD でのデータの取り込み

ディレクトリ「contour_data」の中に作成されたデータファイルを AutoCAD で読み込み作画するために、Lisp ファイル「contour.lsp」をロードし、カスタム・コマンド CONTOUR を使用する。

① プログラムの書き換え

このプログラムを使う際に、まず使用環境に合わせたプログラムの書き換えが必要である。「contour.lsp」をメモ帳などのエディターで開く。ファイルの最後の方に、以下の 2 行がある。

（defun c:contour（ ）(c2_read "c:\\Users\\sato\\contour\\contour_data"))

```
(defun c:contour2d ( ) (c2_read_2d "c:\\Users\\sato\\contour\\contour_data"))
```
この2行は AutoCAD のカスタム・コマンド CONTOUR と CONTOUR2D を定義して
いる箇所である。その中で、データファイルのディレクトリを指定している。その部
分は使用環境に合わせて書き換えなければならない。

具体的には「c:\\Users\\sato」の「sato」を各自のユーザー・ディレクトリの名前に書
き換える。書き換えたら、「contour.lsp」を「上書き保存」する。

② 等高線の描画

データを取り込み、等高線をポリラインとして描画する手順は以下の通りである。

(1) 図面を新規作成する

AutoCAD を起動し、テンプレート・ファイル「waku_a3_100.dwt」を使って、図
面を新規作成する。

(2) カスタム・コマンドファイルをロードし描画モードを変更する

カスタム・コマンドファイル「contour.lsp」と「mytools.lsp」をロード（ APPLOAD ）
し、オブジェクト・スナップは OFF（無効）に、直交モードも OFF にそれぞれ
セットする。

(3) カスタム・コマンドを入力する

コマンド・ラインでカスタム・コマンド CONTOUR と入力し、 ENTER キーを押せ
ば、作図が始まる。

レイヤ CONTOUR （黄、色番号 2）が自動的に作成される。等高線はレイヤ
CONTOUR でポリラインとして作図される。

数千本の等高線を描くので、作画を終えるまで数分かかる。あわせて、レイヤ
KIJUN で等高線の範囲を示す矩形が描かれる。

(4) 等高線の単位を修正する

描かれた等高線の単位はメートルであるので、ミリメートル単位に修正する。
SCALE を使って、すべての等高線をウインドウ選択し、原点（0,0,0）を基点にし
て 1000 倍に拡大する。

図 15-6 は等高線のデータを読み込んで作図したものである。等高線を 1 本選択し、プ
ロパティ・ウインドウを見てみると、図形タイプは「3D ポリライン」と表示されてい

レイヤ：
CONTOUR

カスタム・コマンド：CONTOUR を起動すれば、
データファイルを読み込み、等高線が描画される

図 15-6　AutoCAD で等高線のデータを読み込む

る。英語名は POLYLINE である。この図には、高さ方向に 1m の間隔で、等高線が3632 本描かれている。それぞれの等高線は 3 次元ポリラインで、その Z 座標は海抜からの標高をミリメートル単位で表わしたものになっている[11]。

ワンポイント ＊11

ここでは、拡張コマンド CONTOUR を使って作図した。拡張コマンド CONTOUR2D を使えば、等高線は XY 平面上（Z＝0）に 2 次元のポリライン（LWPOLYLINE）として描かれる。

③ 地図・航空写真の敷き込み

次に、Web 等高線メーカーで等高線を作成した時に保存しておいた下図や航空写真のスナップショットを、AutoCAD 図面に敷き込もう。画像ファイルの挿入は、IMAGEATTACH を使えばよい。

(1) レイヤを準備し画像を挿入する

はじめに、レイヤ IMAGE（白、色番号 255）を作成する。現在レイヤを IMAGE にセットして、2 枚の画像（淡色地図、航空写真）を、IMAGEATTACH を使って、図面上に貼り付ける。場所や大きさは、後で調整するので適当でよい。

(2) 淡色地図の縮尺を等高線に合わせる

淡色地図の範囲をレイヤ HOJO の矩形で描く。その矩形の一辺の長さを、等高線の範囲を示す矩形（レイヤ KIJUN ）の対応する一辺の長さと比較すれば、淡色地図を拡大あるいは縮小するときの比率が計算できる。あとは、SCALE を使って、淡色地図を拡大ないし縮小すればよい。

(3) 航空写真の尺度を淡色地図に合わせる

淡色地図を選択し、プロパティ・ウインドウを見てみる。「尺度」の数値が3779853 などと記載されている。航空写真の「尺度」を、この数値に合わせれば2 つの画像は同一の尺度になる。航空写真を選択して、プロパティ・ウインドウで、その尺度を変更する。

図 15-7 は、淡色地図と航空写真を AutoCAD 図面上に敷き込んだところである。上述の方法で、等高線と淡色地図、航空写真の尺度を合わせてある。等高線の範囲を示す矩形の辺の長さを、DIST で計測すると、横 3528m、縦 2449m である。約 3.5km × 2.4km の範囲の地形図であることがわかる。

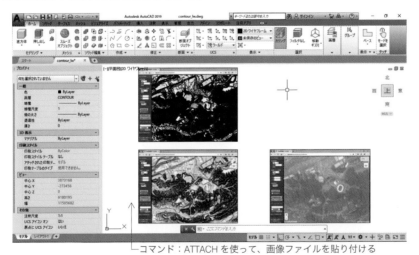

└─コマンド：ATTACH を使って、画像ファイルを貼り付ける

図 15-7　淡色地図と航空写真を図面に挿入する

図 15-8 は、部分的に拡大したものである。高さ方向に 1m ピッチの等高線であり、襞のように起伏する地形が詳細にわかるものとなっている。地図を下敷きにして、道路や既存の建物などをトレースしてゆけば、建築の敷地周囲の外的環境の理解に役立つだろう。

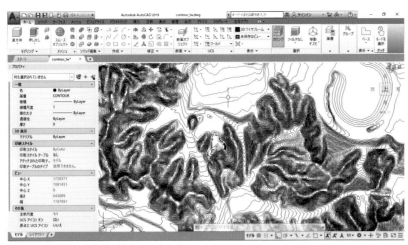

図 15-8　等高線を部分的に拡大して表示する

図 15-9 は、同じ等高線の図面をアイソメ表示して、部分的に拡大表示したものである。
ここで描かれた等高線は 3 次元ポリラインであり、高さをもっている。**Chapter 12** で
解説した方法で、等高線を断面線とするロフテッド曲面を描けば、地形そのものがモ
デリングできることになる。この図面は、約 3.5km × 2.4km の範囲の地形図であり、
そこに存在する数千本の等高線をすべて包絡するような曲面を、AutoCAD 上で生成す
ることは、コンピュータの処理能力の問題から困難であろう。しかし、計画の範囲を
限定すれば、部分的には十分可能である。

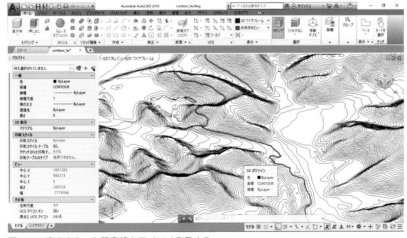

図 15-9　高さをもった等高線をアイソメ表示する

4　本章で導入したコマンド

コマンド名	機能・目的
カスタム・コマンド（contour.lsp）	
CONTOUR	データファイルを読み込んで、等高線を 3 次元ポリラインで描く
CONTOUR2D	データファイルを読み込んで、等高線を 2 次元ポリラインで描く

GIS との連携

1 基盤地図情報と GIS

① 基盤地図情報

Chapter 15 で、地形のデータ（等高線）をオンラインでダウンロードし、AutoCAD で利用する方法を試みた。地形データ以外にも、建築設計に活用すべき都市の物理的環境に関するデータをオンラインで収集することができる。それらは、川や水路、道路や既存建築物、鉄道線路などのデータを含んでいる。それらは日本全国を網羅する「基盤地図情報」として、国土地理院のホームページからダウンロードすることが可能である。道路や建築物などのデータは、画像ではなくベクター（座標）であるので、必要な範囲を AutoCAD に取り込んで、具体的な設計プロジェクトに活用することが可能である。

② GIS

都市計画や土木の分野で広く活用されるこれらの「地理情報」を表示・分析するためのソフトウェアを GIS（Geographic Information System）という。

GIS とは統計データと地理情報とを統合的に扱い、その分析と表示（可視化）を行うソフトウェアである。簡単に言えば、エクセルと地図が合体したものと考えればよい。例えば、人口のデータがあるとする。それは総務省や国土交通省から Web で公開されている。それは国内のあらゆる場所と、その場所における人口の一覧表である。すなわちエクセルの表と同じようなデータ構造をもっている。ただし、そこでの「場所」は（経度、緯度）で記述されている。Chapter 15 で説明したように、建築設計で用いる（X, Y, Z）平面直交座標系への座標変換が必要になることに留意しよう。この仕組みを用いれば、それぞれの場所における人口を地図上にプロットすることが可能になる。

③ データの形式

人口統計のようなデータは通常、シェイプ・ファイル（Shape File）というフォーマットで提供される。シェイプ・ファイルはアメリカの ESRI 社が提唱したベクターデータの保存形式で、GIS で一般的に用いられる。1 つのシェイプ・ファイルは拡張子の異なる複数のファイルで構成される。拡張子が shp のものは、図形の座標データが記述される。拡張子が dbf のものは属性データ、例えば人口などの数値、が記述される。拡張子が shx のものには、図形と属性のインデックス情報が含まれる。

シェイプ・ファイルの他にも GML 形式や CSV 形式のファイルを読み込むことができる。GML はテキスト・フォーマットのマークアップ・ランゲージで、テキスト・エディタで読むことができる。CSV はエクセルで開くことのできる表形式のファイルである。

2 QGIS のインストールと淡色地図・航空写真の表示

オープンソース・ソフトウェアとして、誰でも無償で使用できる形で公開されている QGIS（Quantum GIS）を使い、様々なデータをダウンロードして表示することを行ってみよう。

(1) QGISをインストールする

下記のアドレスにアクセスして、指示に従いインストールする[*1]。

https://qgis.org/ja/site/

(2) プロジェクトを新規作成する

インストールしたら、QGISを起動し、リボン左端の空白のファイルのアイコンを押して「新規プロジェクト」を開始しよう。メニューの「プロジェクト」→「新規作成」を選択してもよい。

(3) 国土地理院の地図・航空写真を読み込む

まず、国土地理院の淡色地図や航空写真を表示できるようにしよう。

画面左側上段の「ブラウザ」のなかの「XYZ Tiles」アイコンを右クリックし、「接続を読み込む」を選択する。

ファイル選択ウインドウがあらわれるので、付録にある「tiles. xml」ファイルを選択し、「開く」ボタンを押す。QGIS上に「接続を管理する」ウインドウがあらわれるので、すべて選択してインポートする。

この操作で、「淡色地図」「標準地図」「全国最新写真（航空写真）」が使えるようになる。

(4) 地図を表示する

試しに、ブラウザの「XYZ Tiles」の下の「地理院タイル _ 淡色地図」アイコンをダブルクリックしてみよう。

最初に世界地図があらわれるが、マウス・ホイールを回転すれば表示画面が拡大されてゆく。パン（画面移動）するには、ホイールボタンを押したままマウスをドラッグする。住んでいる町の近辺を拡大表示してみよう。

(5) 航空写真を表示する

続いて、「XYZ Tiles」の下の「地理院タイル _ 全国最新写真」アイコンをダブルクリックしよう。淡色地図の上に、航空写真が重ねられて表示される。

画面左側下段は「レイヤ」のウインドウで、淡色地図の上に航空写真が重ねられていることを示している。

航空写真の左側のチェックを外せば、淡色地図が最前面に表示される。レイヤの項目をマウスでドラッグすれば、表示順序を変えることができる。

ワンポイント *1

本書執筆時のバージョンは3.14である。

3 　人口統計の GIS 活用

建築計画の中心に人間のアクティビティがあるように、都市計画の基礎には人口の動態がある。そして、計画とは予測である。AutoCADでの直接的な利用とは離れるが、将来の人口予測についてQGISを使って調べてみよう。

① ファイルの読み込みと座標参照系の設定

(1) 作業フォルダを準備する

まず、ドキュメント・フォルダに適当な名前、たとえば「gis」などのサブ・フォルダを作成し、付録にある以下のシェイプ・ファイルを格納しよう。

　　500m_mesh_2018_22_diff.shp
　　500m_mesh_2018_22_diff.cpg
　　500m_mesh_2018_22_diff.dbf
　　500m_mesh_2018_22_diff.prj
　　500m_mesh_2018_22_diff.shx

シェイプ・ファイルは計5つのファイルで構成される。

これらは静岡県の2015年から2050年までの人口を500m角のメッシュごとに予測したデータで、国土交通省のウェブページからダウンロードしたものを加工したファイルである[*2]。

(2) QGISの新規プロジェクトを開始する

フォルダの準備ができたら、QGISを起動し、新規プロジェクトを開始する。

まず、ブラウザの「XYZ Tiles」の下の「地理院タイル_淡色地図」アイコンをダブルクリックして、地図を表示しておく。

(3) 人口統計のデータを読み込む

上部のリボンの2段目、一番左側のアイコンを押すと、「データソース・マネジャー」のウインドウが開く。

左側のブラウザ欄で「ベクタ」が選択されていることを確認して、「ベクターデータセット」欄の右側のボタンを押すと、ファイル選択のウインドウがあらわれる（図16-1）。

ドキュメント・フォルダ内のgisフォルダのなかの「500m_mesh_2018_22_diff.shp」を選択し、「開く」ボタンを押す。

ワンポイント ＊2

国土交通省のホームページからダウンロードしたオリジナルのシェイプ・ファイルは、男女別の人口構成などのデータが含まれている。また、2050年と2020年の人口の差分などは含まれていない。余分なデータを削除したり、必要なデータを作成したりする作業はPython言語とGeoPandasというライブラリを使って行っている。地理情報データの分析や加工はPythonで行い、QGISはデータの視覚化に利用する、という使い方になる。

図16-1 データソース・マネジャーを開き、シェイプ・ファイルを読み込む

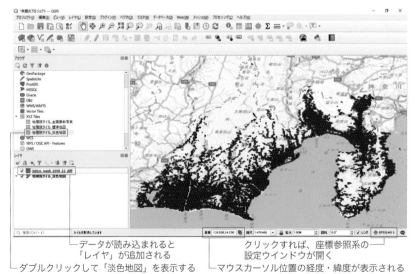

図16-2 静岡県全域をカバーする500m角のメッシュが表示される

「データソース・マネジャー」のウインドウに戻ったら、「追加」ボタンを押し、さらに「閉じる」ボタンを押す。

この操作で淡色地図の上に、500m角メッシュが表示される（**図16-2**）。

(4) 座標系を平面直交座標に設定する

この状態で、地図が上下にやや縮んで表示されていることに気づくだろう。これは経度・緯度がそのままの数値で視覚化されているためである。

画面右下のEPSG:4612という文字をクリックしよう。「プロジェクトのプロパティ―座標参照系」ウインドウがあらわれる。「JGD2000/Japan Plane Rectangular CS VIII EPSG:2450」を選択して、「適用」ボタンを押す。

静岡県を含むエリアは直交座標系で地域VIIIに分類されている。

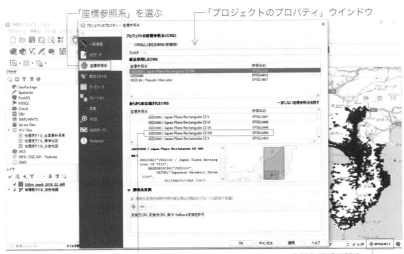

静岡県の場合、JGD2000/Japan Plane Rectangular CS VIII（平面直交座標系）を選ぶ

座標参照系の設定

図16-3　直交座標系・地域VIIIを選択する

② 人口の多寡を表現する

いま、500m角のメッシュはすべて単一の色で塗りつぶされている。人口の多寡を色の濃淡で表現してみよう。

右クリックしてプロパティの編集画面を表示する

「適用」ボタン

図16-4　レイヤ・プロパティ・ウインドウでデータを分類する

(1) レイヤのプロパティ・ウインドウを表示する

「レイヤ」ウインドウの「500m_mesh_2018_22_diff」という文字を右クリックして、「プロパティ」を選択すると、「Layer Properties」ウインドウがあらわれる。

(2) レイヤのプロパティを設定し作図する

左側の欄で「シンボロジ」が選択されていることを確認して、右側のウインドウで「カテゴリによる定義」を選択する。「値」の欄は「PTN_2020」（2020年の人口）、「カラーランプ」は赤のグラデーションを選択し、下部の「分類」ボタンを押す。分類するのに多少時間が掛かるが、完了したら「適用」ボタンを押し、「OK」ボタンを押す。**図16-5**のような、2020年の人口分布を赤のグラデーションで視覚化した図が表示される。

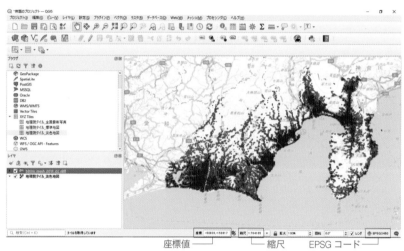

図16-5　2020年の人口分布が赤のグラデーションで表示される

「値」の欄でPTN_2020以外の項目、例えばPTN_2050を選べば、2050年の人口予測が表示される。同様にして「値」にDIFF_2050、「カラーランプ」は赤から青のグラデーションを選択すれば、2020年と2050年の人口の差分を表示することができる。**図16-6**をみると、各都市で中心市街地の人口減少が周縁部よりも激しいことが見てとれる。

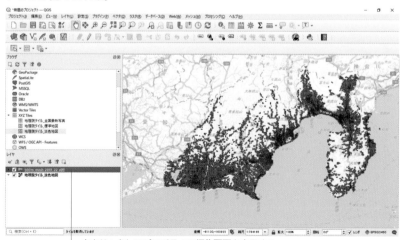

　　　右クリックしてプロパティの編集画面を表示する
　　　「カテゴリ値による定義」を選択し、「項目」「色（グラデーション）」を設定し、
　　　「分類」「適用」ボタンを押す
図16-6　2050年の人口予測との差分を青から赤のグラデーションで表示する

(3) 特定のメッシュの情報を表示する

　図 16-7 は、拡大表示して、浜松市中心部の特定の場所の情報を取り出したものである。リボン中央右寄りに i という文字の描かれたアイコンがある。それが個別の情報を表示するアイコンである。

　情報アイコンを押してから、500m 角のメッシュをクリックすると、その場所の情報が右側のウインドウに表示される。この場所では、2020 年の人口が 2213 人であるのに対し、2050 年では人口 1991 人であると予測されている。222 人の減少である。ちなみに、500m 角は 25ha であるので、この場所の 2020 年の人口密度は約 80 人 /ha である。

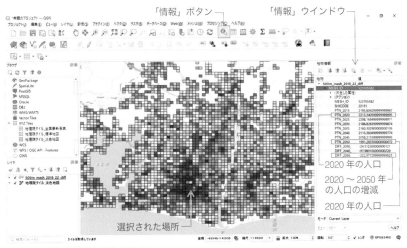

図 16-7　浜松市付近を拡大表示する

4　基盤地図情報の GIS 活用

建築設計や都市計画・土木の分野で、さらに有用だと思われるデータが「基盤地図情報」である。国土地理院のホームページからダウンロードすることができる[*3]。
ここでは、例として静岡県袋井市の基盤地図情報を QGIS で表示してみよう。

(1) 作業フォルダを準備する

　まず、人口統計の場合と同様に、配布されたファイルを収めるためのフォルダを作成する。ドキュメント・フォルダの中の「gis」フォルダの中に「fukuroi」という名のフォルダを作成する。その中に以下のシェイプ・ファイルを格納しよう。対象は 7 項目あるので、全部で 35 のファイルとなる。

　　fukuroi_ 等高線
　　fukuroi_ 水域
　　fukuroi_ 水涯線
　　fukuroi_ 鉄道
　　fukuroi_ 道路
　　fukuroi_ 歩道
　　fukuroi_ 建築物

これらのシェイプ・ファイルは袋井市中心部を含む、概ね 10km 四方の範囲の地理情報である[*4]。

(2) QGIS を起動してファイルをロードする

　QGIS を起動して、これらのシェイプ・ファイルを表示したものが図 16-8 である。

ワンポイント ＊3

基盤地図情報は GML 形式のファイルであり、そのままでは扱いにくい。国土地理院のページから「基盤地図情報ビューア」をダウンロードし、そのプログラムを使って GML 形式のデータファイルをシェイプ・ファイルに変換する。そうすれば、今までと同様の手順で QGIS の上で表示し、分析することができる。ただし本書では、ファイル変換などの前処理のプロセスを済ませたシェイプ・ファイルを付録としている。

ワンポイント ＊4

ダウンロードしたオリジナルの GML ファイルには、上記 7 項目以外にも市区の境界線やコミュニティ施設の位置などの情報があるが、それらは除外してある。また、ダウンロードしたファイルは袋井市全域を含む範囲の地理情報であるが、データ量を削減するため、周辺部の情報を除外した。このようなデータの前処理は、Python と GeoPandas を使って行っている。

人口統計の場合と同様に、以下の手順でデータを視覚化する。

　[1]　プロジェクトを新規作成する。

　[2]　「データソース・マネジャー」を起動して、7 つのシェイプ・ファイルをロードする。

　[3]　座標系を平面直交座標に設定する。

　[4]　「Layer Properties」ウインドウを表示して、それぞれのレイヤの色を調整する。

　　　　　　　　　　　　　　　　　　　　　　　　└袋井市の「基盤地図情報」
　　　　　└7 つのレイヤ：建築物／水域／水涯線／鉄道／等高線／道路／歩道

図 16-8　「基盤地図情報」を QGIS で表示する

基盤地図情報の等高線は 10m 間隔である。1m 間隔などの精度の高い等高線が必要な場合は、前章で解説した「Web 等高線メーカー」を使用するとよい。Web 等高線メーカーが出力する KML ファイルも QGIS で読み込むことが可能である。

5　AutoCAD における基盤地図情報データ活用

地図は「淡色地図」がそうであるように通常は画像データだが、基盤地図情報のデータはすべて座標で記録されたベクターデータである。QGIS には AutoCAD とのデータ交換用に DXF 形式[*5]でデータをエクスポートする機能がついている。AutoCAD にデータを転送できれば、建築の設計やアーバンデザインに活用できる。

ただし、QGIS が出力する DXF ファイルは、AutoCAD2019 による読み込みの際にエラーになる。代替手段として、プログラムを使用してシェイプ・ファイルを直接解析し、データを AutoCAD で読み込める形に変換する方法を使う[*6]。

図 16-9 はこの手法を使って、基盤地図情報のデータ（袋井市の一部）を AutoCAD 上で描画したものである。河川、等高線、道路、鉄道、建築物に関するデータが、AutoCAD 上で再現される。基盤地図情報の建築物のデータには階数や高さの情報がないので、航空写真などを見ながら高さを推定しなければならないが、この図面をもとにして都市の 3 次元モデルを作成することも可能であろう。

図 16-10 は部分的に拡大表示したようすを示している。旧東海道を含む袋井市の中心部である。街区や建築物、道路や水路が詳しく描かれている。建築の設計に活用することが期待される。ここでは袋井市の一部を例に挙げたが、国内のあらゆる都市の基盤地図情報がオンラインで取得できる。

ワンポイント ＊5

DXF（Data Exchange Format）とは、異なる CAD 間でデータをやり取りするためのファイル・フォーマットである。

ワンポイント ＊6

詳細は **Column** 参照

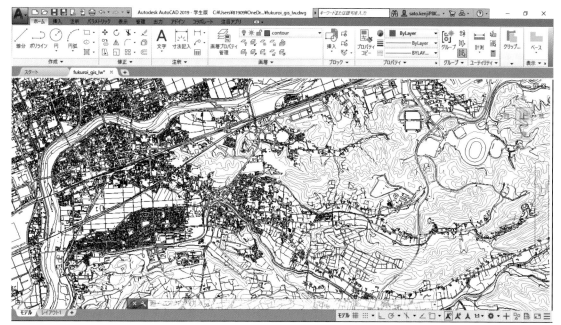

図 16-9　等高線・河川・鉄道・道路・建築物を AutoCAD に取り込む

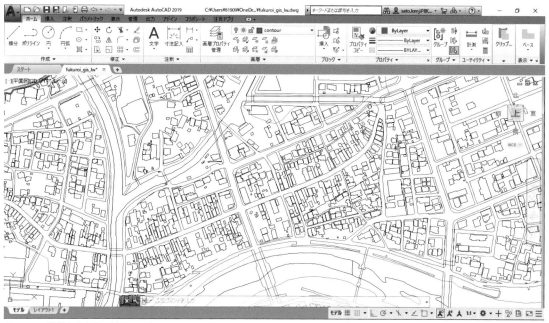

図 16-10　袋井市中心部を拡大して表示する

Chapter
16

GISとの連携

シェイプ・ファイルの変換による基盤地図情報データの読み込みとPython言語

1 AutoCAD における DXF ファイルの読み込み・書き出し

AutoCAD で DXF を読み込むためのコマンドは DXFIN である。DXFIN を起動すると、ファイル選択ウインドウが開き、当該の DXF ファイルを選択すれば、作図画面にデータが表示される。

しかし、他のソフトで作成したファイルを DXFIN で読み込もうとしても失敗する場合が多い。DXF はテキストファイルであるが、その内容は、ほとんど AutoCAD のデータファイル（拡張子が dwg であるファイル）そのものである。AutoCAD は頻繁にバージョンアップを行っており、DXF ファイルの仕様も頻繁にアップデートされている。このため、データの可搬性が低くならざるを得ないのではないかと考えられる。これとは逆に、AutoCAD 側で DXF ファイルを生成して、他の CAD にデータをエクスポートする場合は、DXFOUT を使う。その場合は、AutoCAD の古いバージョンでのファイル・フォーマットで DXF を生成できるので、受け手側の CAD で問題なく読み込める場合が多い。

2 シェイプ・ファイルの変換と AutoCAD での読み込み

すでに述べたように、QGIS には AutoCAD とのデータ交換用に DXF 形式でデータをエクスポートする機能がついている。しかし、実際に使用してみると、ファイル交換に失敗する。現状では、QGIS が出力する DXF ファイルを AutoCAD2019 で読み込むことができない。

しかし、QGIS を経由するのではなく、シェイプ・ファイルを直接解析して、そのデータを AutoCAD で読み込める形に変換すれば、AutoCAD での活用が可能になる。

シェイプ・ファイルのベクターデータは基本的に 3 種類である。点（Point）、直線（LineString）、そして多角形（Polygon）である。その座標データを取り出して、AutoCAD の点、開いたポリライン、閉じたポリラインに変換すればよい。その過程で、シェイプ・ファイルの（経度、緯度）を（X, Y）直交座標系に変換しなければならないことに留意する。

以上の手順は、まとめれば以下のようになる。

[1] ダウンロードした「基盤地図情報」のデータは GML フォーマットであるので、「基盤地図情報ビューア」を使ってシェイプ・ファイルに変換する。

[2] テキスト・エディターで、付録の Python プログラム「for_acad.py」を、環境にあわせて適宜修正する。修正箇所は当該のシェイプ・ファイルの置かれたディレクトリ名とファイル名、出力ファイルのディレクトリ名である。修正し終えたら上書き保存する。

このプログラムはシェイプ・ファイルのデータタイプに応じて、points.txt、linestrings.txt、polygons.txt というデータファイルを出力する。例えば、等高線や道路、鉄道、水路のデータは linestrings.txt に、建築物や河川のデータは polygons.txt に変換される。

[3] [2] のプログラムをコマンド・プロンプトで起動する。points.txt、linestrings.txt、polygons.txt のいずれかのデータファイルが、指定されたディレクトリに作成される。

[4] AutoCAD を起動して、図面を新規作成する。

[5] アプリケーション「gis.lsp」をロードする。

以下の拡張コマンドを起動すれば、points.txt、linestrings.txt、polygons.txt のデータが描画される。

拡張コマンド **GIS_PT** ENTER （Point データの読み込みと描画）

拡張コマンド **GIS_LS** ENTER （LineString データの読み込みと描画）

拡張コマンド **GIS_PG** ENTER （Polygon データの読み込みと描画）

上記［3］を実行するためには、GeoPandas をインストールし、正常に起動する環境をセットアップしておかなければならない。Python には Pandas という表計算を扱うライブラリがある。それを拡張して、地理情報を扱えるようにしたライブラリが GeoPandas である。GeoPandas のインストールは他のライブラリとの依存関係があるため、Python でのプログラミングに慣れていないとかなり難しい。詳しくは、https://geopandas.org/install.html を参照して欲しい。

3 Python 言語のプログラム

Python 言語は、書式は C 言語に似ているが、より簡潔に書くことができる。プログラミングの初心者には一番適した言語であると言われている。Python 言語に関した書物は、多く出版されているから、ぜひ学んで欲しい。

Chapter 15 で使った Python プログラムの「kml.py」や「gauss_kruger.py」、さらに等高線のデータファイルである「contour.kml」は、すべてテキストファイルである。「メモ帳」のようなテキスト・エディタで内容を確認することができる。さらに、Python 言語に習熟すれば、プログラムを修正したり、書き換えたりすることができる。

本書の付録ファイル群のなかには、**Chapter 15・16** で解説しきれなかった Python スクリプトも含まれている。それらは GIS と AutoCAD の連携に関する一連のスクリプトである。詳しくは、同封される「Web 等高線メーカーと AutoCAD の連携.pdf」と「基盤地図情報の AutoCAD での利用.pdf」を参照してほしい。

Appendix 2　カスタム・コマンド一覧

以下に、mytools.lsp に含まれる主要なカスタム・コマンドの一覧を示す。

オブジェクト・スナップ／ UCS

コマンド名	機能・目的	入力項目
OS	端点と交点にオブジェクト・スナップを設定する	なし
NO	オブジェクト・スナップを解除する	なし
XZ	ワールド座標の X 軸を UCS の X 軸に、Z 軸を Y 軸に設定する	なし
YZ	ワールド座標の Y 軸を UCS の X 軸に、Z 軸を Y 軸に設定する	なし
UCSE	選択された図形に UCS をセットする	図形を 1 つ選択
UCSV	現在のビューに UCS をセットする	なし

レイヤ操作

コマンド名	機能・目的	入力項目
LS	選択された図形のレイヤを現在レイヤにセットする（LAYMCUR と同じ）	図形を 1 つ選択
LF	選択された図形のレイヤを OFF（非表示）にする	図形を 1 つ選択
LA	全レイヤ表示（LAYON と同じ）	なし
LH	全レイヤ非表示（現在レイヤを除く）	なし
DEFLAYERS	デフォルトのレイヤ・セットを作成する	な
SOLON	ソリッド図形のレイヤを ON（表示）にする	なし
SOLOFF	ソリッド図形のレイヤを OFF（非表示）にする	なし
SOLFREEZE	ソリッド図形のレイヤをフリーズする	なし
SOLTHAW	ソリッド図形のレイヤをフリーズ解除する	なし
DELHOJO	レイヤが HOJO である図形をすべて一括して削除する	なし

2 次元・3 次元作図

コマンド名	機能・目的	入力項目
OFC	オフセットして、オフセットした図形のレイヤを現在レイヤに変える	オフセット距離、オフセットする図形、どちら側へ
OFH	オフセットして、オフセットした図形のレイヤを HOJO に変える	オフセット距離、オフセットする図形、どちら側へ
OFK	オフセットして、オフセットした図形のレイヤを KIJUN に変える	オフセット距離、オフセットする図形、どちら側へ
OB	両側にオフセットし、オフセットした図形のレイヤを現在レイヤに変える	オフセット距離、オフセットする図形（複数選択可）
DUPC	図形の複製を作成し、それらのレイヤを現在レイヤに変える	図形選択（複数可）
MX	X 方向に移動する	図形選択（複数可）、移動距離
MY	Y 方向に移動する	図形選択（複数可）、移動距離
MZ	Z 方向に移動する	図形選択（複数可）、移動距離
CPX	X 方向にコピーする	図形選択（複数可）、移動距離
CPY	Y 方向にコピーする	図形選択（複数可）、移動距離
CPZ	Z 方向にコピーする	図形選択（複数可）、移動距離
SLICE_V	ソリッド図形を鉛直面でスライスする	ソリッド図形を 1 つ選択、切断の基準線を選択
SLICE_H	ソリッド図形を水平面でスライスする	ソリッド図形を 1 つ選択、切断の基準線を選択
VLINE	鉛直線を描く	Z 方向の高さを数値入力、XY 平面上での配置位置

■ 建具（2次元）

コマンド名	機能・目的	入力項目
DOOR	片開きドアを作成する	建具幅（枠外寸法）、枠見込み寸法、設置位置
DOORK	片開き框ドアを作成する	
DOORW	両開きドアを作成する	
DOORWK	両開き框ドアを作成する	
HIKIDO	引き違い戸を作成する	
HIKIDOK	引き違い框戸を作成する	
TUKIDASHI	突き出し窓を作成する	
OREDO	折れ戸を作成する	
OREDOW	2枚建て折れ戸を作成する	

■ 建具（3次元）

コマンド名	機能・目的	入力項目
AW	引き違い窓を作成する	建具幅（枠外寸法）、建具高さ（枠外寸法）、設置位置
AW4	引き違い窓（4枚建て）を作成する	
AT	突き出し窓を作成する	
AF	FIX窓を作成する	
AG	上げ下げ窓を作成する	
GD	片開きドアを作成する	
AD	片開き框ドアを作成する	
ADW	両開き框ドアを作成する	

■ その他

上記のカスタム・コマンド以外にも mytools.lsp には多くのコマンドが定義されている。mytools.lsp をテキスト・エディタで開けば、例えば、54行目に以下の記述がある。

(defun ␣ c:lccur ␣ ( )␣(layer_change_to_clayer))

これは lccur という名前のコマンドを定義しているステートメントである。

c: はコマンドという意味で、続く lccur という文字列が AutoCAD でのコマンド名となる。この例は、選択された図形のレイヤを現在レイヤに変更するコマンドであり、AutoCAD のコマンドラインに LCCUR ENTER と入力すれば、実行される。

同様に、c: 以下の文字列はすべて AutoCAD で実行可能なカスタム・コマンドである。試してみて欲しい。

参考文献

[AutoCAD]
・井上竜夫著、オートデスク監修（2016）『Autodesk AutoCAD 2017 公式トレーニングガイド』日経 BP 社
・オートデスク（1992）『AutoLISP アプリケーション開発用』（AutoCAD release 12J に付属された紙媒体での
　マニュアル。現在のものはオンライン・マニュアル／開発者用ドキュメント／ AutoLISP に引き継がれている）

[プログラミング言語]
・白川洋充（1989）『Lisp プログラミング入門』オーム社
・細田謙二ほか（2010）『Python 入門』秀和システム
・中久喜健司（2016）『科学技術計算のための Python 入門』技術評論社

[ルイス・カーン]
・齋藤裕（2003）『Louis I. Kahn Houses ルイス・カーンの全住宅：1940-1974』TOTO 出版
・David B. Brownlee, David G. De Long (eds.) (1991), Louis I. Kahn, In the Realm of Architecture, The Museum of
　Contemporary Art, Los Angeles
・Robert McCarter（2005), Louis I. Kahn, Phaidon Press Ltd., London

[図学]
・佐藤健司（2019）『建築図法　立体・パース表現から設計製図へ』学芸出版社
・面出和子ほか（1982）『造形の図学』日本出版サービス
・鳥谷浩志ほか（1991）『3 次元 CAD の基礎と応用』共立出版

[地理情報システム]
・今木洋大ほか（2015）『QGIS 入門 第 2 版』古今書院
・蒋湧ほか（2019）『地域研究のための空間データ分析入門』古今書院
・Erik Westra (2016), Python Geospatial Development, Third Edition, Packt Publishing Ltd., UK

著者略歴

佐藤健司（さとう　けんじ）

静岡理工科大学理工学部建築学科 教授。1958 年、埼玉県大宮市生まれ。1981 年、東京大学工学部建築学科卒業。1983 年、東京大学大学院工学系研究科建築学専門課程修士課程修了、工学修士。1983-1984 年、メルボルン大学大学院留学（ロータリー奨学生）。1985-2000 年、株式会社 磯崎新アトリエ 勤務。2000-2017 年、有限会社 佐藤健司建築都市研究所 代表取締役。2017 年より現職。

著書に『建築図法　立体・パース表現から設計製図へ』(2019 年、学芸出版社)。

AutoCAD で身につける建築 2D・3D 製図

図面作成からモデリング・レンダリング・プレゼンテーションまで

2021 年 4 月 10 日　　第 1 版第 1 刷発行

著　者⋯⋯⋯佐藤健司

発行者⋯⋯⋯前田裕資

発行所⋯⋯⋯株式会社学芸出版社
　　　　　　〒 600 - 8216
　　　　　　京都市下京区木津屋橋通西洞院東入
　　　　　　電話 075 - 343 - 0811
　　　　　　http://www.gakugei-pub.jp/
　　　　　　E-mail:info@gakugei-pub.jp

編　集⋯⋯⋯松本優真

Ｄ Ｔ Ｐ⋯⋯⋯村角洋一デザイン事務所

装　丁⋯⋯⋯赤井佑輔・渡会芽生（paragram）

印刷・製本⋯モリモト印刷

最短で学ぶ Vectorworks
建築製図とプレゼンテーション

エーアンドエー OASIS 監修／辻川ひとみ・吉住優子 著
B5 判・160 頁・本体 3000 円＋税

平面図から断面図、立面図、パース、アニメーションまで、建築製図とプレゼンテーションの基本を一冊で効率的に学べる入門書。3D-CAD で建築物をモデリングし、そこからあらゆる建築図面を取り出す手順を操作画面で丁寧に解説しているので、独学や授業・講習に最適。Vectorworks 操作技能認定試験対策にも使える一冊。

最短で学ぶ JW_CAD 建築製図

辻川ひとみ・吉住優子 著
B5 判・144 頁・本体 2800 円＋税

教育・実務に広く使われているフリーウェア・JW_CAD で、建築製図と CAD を両方学ぼう！集合住宅・コートハウスを題材に、各章末の練習問題を解きながら、初心者〜大学レベルで求められる一通りの基本図面（平面図・平面詳細図・立面図・断面図・配置図・室内パース）作成までサクサク到達。建築 CAD 検定対策としても最適。

初めての建築 CAD
Windows 版 JW_CAD で学ぶ

〈建築のテキスト〉編集委員会 編
A4 変判・168 頁・本体 3200 円＋税

『初めての建築製図』の CAD 版。木造住宅・RC 造事務所を題材に、平面図・立面図・かなばかり図などの作図プロセスを色刷りで明示し、CAD も製図も初学者という人が同時に学べるよう工夫した。また使用するソフトは、教育・実務で多くの人が使うフリーウェアとして定評があり、その操作マニュアルとしても役立つものとなっている。

建築図法
立体・パース表現から設計製図へ

佐藤健司 著
A4 変判・96 頁・本体 2400 円＋税

設計製図を始めるための基礎として、平面・立体、アイソメ・アクソメ、パース、陰影表現、着彩まで、基本的な作図プロセスを学ぶ教科書。手を動かしながら順を追って技法を習得する過程で、建築の諸図面への理解も進むよう工夫した。建築物などの実例を豊富に併載し、学習内容と実際の建築設計のつながりがわかる解説も充実。